慢慢来
一切都会好

阿不 著

民主与建设出版社

图书在版编目（CIP）数据

慢慢来，一切都会好 / 阿不著. -- 北京：民主与建设出版社，2015.7（2017.9重印）

ISBN 978-7-5139-0716-3

Ⅰ.①慢… Ⅱ.①阿… Ⅲ.①生活方式-通俗读物 Ⅳ.①C913.3-49

中国版本图书馆CIP数据核字(2015)第177047号

出 版 人：许久文
责任编辑：李保华
整体设计：黄 婷
出版发行：民主与建设出版社有限责任公司
电　　话：(010)59419778　59417745
社　　址：北京市朝阳区阜通东大街融科望京中心B座601室
邮　　编：100102
印　　刷：廊坊市华北石油华星印务有限公司
版　　次：2015年11月第1版　2017年9月第2次印刷
开　　本：32
印　　张：8
书　　号：ISBN 978-7-5139-0716-3
定　　价：29.80元

注：如有印、装质量问题，请与出版社联系。

前言 慢慢开启一扇属于桃花源时代的大门

人生就是一场大简至美的旅行，它本该自由自在，没有风和雨、铁和泥的束缚。人与自然能够融洽地相处，可以在万物中将自己的灵魂放逐。

轻轻地临摹岁月的书简，那里有无尽的沧桑与智慧。一颗颗圆润如玉的种子都曾深埋在众生的心底。每个人都可以开启这个有着时间刻画的年轮，畅游在亘古不变的时空乐园里。只是，很多人都被蒙蔽了双眼，听不清心底的声音。

整个城市充斥着风格迥异的高楼大厦、横穿两岸的宏伟大桥、炫酷的LOGO、多彩的LED。豪华的游轮在夜幕下徐徐前行、繁华的交通道路喧哗争鸣、电视塔的光辉照亮了一方夜空、大大小小的医院建筑彻夜通明，而人们在各样的环境里，忙忙碌碌、步履匆匆、奔波不停。

无论你是铿锵妖娆的玫瑰，还是高洁淡雅的茉莉，都需要阳光雨露的呵护。然而，快速的生活节奏却打乱了一切。让所有的事情都像多米诺骨牌一样，生硬却悄无声息地改变了许多原本再正常不过的东西。它逐渐让人深陷在深雾迷潭里，让人无法认清周围的状况，困顿丛生而无法自拔。

在变了味道的生死角逐里，许多人如机械般麻木地活着。几乎所有人都卷进了一个永无休止的快节奏里，形成了一个压抑、聒噪的氛围，让人无法喘息。于是乎，忘记了幸福的味道，忘记了情感的温暖与真实，忘记了奋斗的初衷，忘记了生活就应该是多姿多彩，而不是枯燥乏味以及干涸苦涩。

但是，生活以及人生并不完全是这样。在我们一生中的每一个环节，都有它特殊的意义所在，包括行走坐卧、衣食住行，都该有它最为真实淳朴的一面。那是跟随着自然万物的深度呼吸，需要用敏锐的嗅觉、清澈的眼睛、灵敏的耳朵、善品的嘴巴以及那颗跳动的心脏细细感触、品味。

金戈铁马的塞北、柔情似水的江南、澄净的湿地湖泊、骏马奔腾的草原、细雨绵绵的小镇、庄严肃穆的冰山群脉……一捧泥土，是最原始的问候；一汪清泉，是一场灵魂的洗涤。

粗犷与细腻组成了一幅幅美丽动人的画卷，而生命的出现，也应是如此的自然协调。放慢了脚步，细闻花儿的芬芳，拂走了尘埃，静候那穿越了时光的隧道，快马传来幸福书信的佳音。

慢，是一种人生态度；慢，是一种生活的睿智；慢，是一种内心深处的天籁之声。而那些古老而神秘的箴言，就在你周身各处。你需要将你的智慧与赤诚的心灵化作一把万能的钥匙，开启那一扇属于桃花源时代的大门。

目 录
CONTENTS

PART 1 爱上一个认真的消遣，用一朵花开的时间

世界太吵，请听听自己的思维	003
让你的心每天偷一会儿懒	010
放下，才能体会淡泊宁静的生活	016
成功未尝不是一种负累	022
做人呢，最重要的就是开心	028
孤独是一种胜利	033
你选择的，就是最好的人生	039

PART 2 投入地爱一次，忘了自己

有些等待，是人生必修课	047
整理心里的房间，让另外一个人住进来	053
如果爱，请深爱	058
青春，不妨等等爱情	063
原来你也在这里	068
爱要经得起平淡的流年	074
我想要你多爱我一些	079
爱情，有时候是需要一点死皮赖脸的	084
不如，相忘于江湖	092

慢慢来，体味身边的微幸福

幸福从来都在不经意间	101
不是大笑，不是狂笑，是微笑	107
慢慢来，体味生命中的美好	115
你没有错，错的是生活	120
最幸福的，是追求幸福的过程	125
幸福很简单，是我们想得太复杂	130
"喵星人"的惬意人生	135
幸福有时候只是一个位子	142

PART 3

PART 4 一个人，慢慢走，慢慢游

寻找"须弥山"	151
那些景，那些情	156
在旅行中给自己一段柔软的时光	163
再美的旅途，也抵不过回家的那段路	171
走出去，秀出一个人的浪漫	177
把美好的时光拿来虚度	185

PART 5 停下来喘口气，是为了走更远的路

停下脚步，慢享时光	195
只有自己才能为健康埋单	203
莫忘家乡的味道与温暖	210
工作狂，其实是一种病	217
"不努力"的生活姿态也很美	226
在对的时间做对的事	230
假期，就是用来享受的	236

后记

PART 1

爱上一个认真的消遣,用一朵花开的时间

繁忙的生活让我们无暇顾及当下，哪怕用一秒钟的时间抬眼看云朵飘过，或坐下来品一杯香醇的咖啡，在弥漫咖啡香气的小屋中，寻找在记忆中让人怀念不已的瞬间感动。我们的脚步往往太快，忘记了心的感受。生活需要一些间隙来留住那些绚丽的风景，每一件事物都有它存在的理由，值得我们驻足、感受。

人心就像湖水，如果内心波涛汹涌，心就盲了。当自己不管面对何境何景都能让湖面平静，便能照应世间万物的一切。

世界太吵，请听听自己的思维

昨夜大风吹得窗户呼呼作响，持续了一个星期的雾霾终于散去，难得晴空万里。行走在斑马线上的人们神色匆匆，桐桐随着人流走进地铁通道。地铁里满是一张张年轻又疲惫的面孔，他们戴着耳机低着头，用信息塞满自己的世界。

因为耳朵经常塞着耳机，加上手机几乎不离耳边，前几天桐桐开始出现耳鸣的症状。由于工作繁忙，桐桐也不觉得这是件多大的事情，就随便用点药水匆匆了事。

通常来到地铁站都要等至少三波人上去之后才能勉强被后面的人挤进地铁。桐桐看看表，料想今天又是要迟到的节奏。这样机械和忙碌的生活已经持续了快半年，桐桐感觉自己快被耗干了，她几乎没有时间来想自己这么拼命的生活和工作到底为了什么。

穿着光鲜，在北京最标志的国贸写字楼里做着白领，但每日的生活却跟流水线的工人并无两般，桐桐开始思考难道人活着就要这样拼命地工作？拼命地赚钱？找个男人结婚，生了孩子再拼命地还房贷？养儿育女？直到终老……年轻的时光只是为了工作而活吗？桐桐越想越难过，感觉自己的未来充满"悲伤"。

又来了一辆列车，地铁工作人员努力地在维持秩序，从漫天的思绪回到这拥堵的现实，桐桐感觉自己的人生跟这条等候列车的通道一样，思绪繁杂拥堵不堪。桐桐奋力随着人群挤上列车，车门关闭，她长呼一口气，庆幸自己已踏上"征程"。对于住在六环，要去三环上班的人，这条路程毕竟艰辛。桐桐一动不动，虽然耳机已掉了一只，但迫于两只手都被挤得动弹不得，只得等到下一站才能转转身。虽然自己的脚不知被身边哪位路人踩着，但因为无法动弹也得忍气吞声。她一路披荆斩棘地到了公司，又迟到了10分钟。前台的Lily说："昨天那位要退费的家长又来学校大吵大闹说要找你理论呢！"

这个头疼的客户已经折磨桐桐快一个星期了，学生刚交完费就说不想出国，合同已签好，家长却死不认账，当着桐桐的面把合同撕得粉碎。桐桐不能发火，小心地把自己的"暴脾气"收好，耐心地跟客户解释不能退费的原因。家长根本听不进去，一阵劈头盖脸的怒吼，桐桐长呼一口气，无奈地转身叫部门主管出来处理。

在昏暗的楼道点燃一根香烟，烟雾从桐桐的嘴里吐出，似乎只有一支烟的功夫才能让她静下来问问自己这一切是为了什么。她坐在楼道的楼梯上心力交瘁地小声说道："我好累，真的好累。"

桐桐是一家语言机构的顾问，成堆的电话要打，成堆的客户要接，成堆的投诉要处理。学生家长每天一串问题，电话几乎不离耳边，整层办公区域为开放式，大约有近二百名员工在里面吵吵嚷嚷。桐桐似乎已经习惯了这种菜市场般的喧闹，平静地回到座位上，打开企业邮箱，最新一条消息赫然弹出界面。每个月的"成绩单"又出来了，同事的名字一一排列在上，很庆幸自己的名字还算靠前。这是一个弱肉强食的时代，这也是一个相互竞争的时代，桐桐虽然参与着公司的争夺战，但她常常会想为什么要逼自己去相信达尔文的进化论，难道非得适者才能生存吗？

还记得北北第一次来北京，已是年末，后海早已结了厚厚的一层冰。他们在小巷里转悠，嘴里哈着白气。北北说以后想留在北京，可他又担心北京的节奏太快，怕自己两条腿不够跑。桐桐没说话也没给出意见，因为来到北京这几年，桐桐能品味到这其中的滋味如何，梦想和现实总是有一定的差距，我们无法一步跨越，只能慢慢探索。

她和北北一直转到后海那边，看着夕阳渐渐掉进地平线。

没过几天，北北给桐桐发了短信说他决定离开北京，他选择过自己的生活，一年后迷笛音乐节见。"再见杰克，再见我的凯鲁亚克！"这是桐桐离别前送给他的话。桐桐赞佩他的勇气，自己羡慕之余又备感惭愧。因为她不止一次说过要一起走，结果却始终未敢踏出那一步。她在金钱和欲望之中挣扎了一年，几乎耗尽了自己对生活所有的热情，麻木的工作，激烈的竞争几乎快撕碎了她的身心。那些说过千遍万遍的理想早就离自己越来越远。

"五一"三天假期，在迷笛音乐节躁动的乐场里，桐桐疯狂地撒了三天的欢儿，可乌托邦的美梦只有三天。再见到一年前的伙伴，很多人都已经实现了当初的梦想，他们背着吉他，揣着口琴，过着自己向往已久的生活。

音乐节结束，车子行驶在半夜12点的高速公路上，桐桐浑身都快散了架，一想到她又要回到那种自我摧残的生活状态之中突然难过得想哭。再见北北又得是一年之后，桐桐无力地靠在椅背上，看着车窗外浓稠的夜色，流下了几滴眼泪。

当桐桐回到工作岗位的第二天，由于调整课程问题，家长已经站在桐桐的办公室抱怨了一个上午，桐桐什么话都没有说，也懒得说。对于客户提出的无理要求，她已经表明了自己的态度——不可以，但客户依旧不依不饶。桐桐索性不理她，照旧做着自己的事情。正当她打算接起桌子上响起的电话，那些嘈杂的声音瞬间从耳边消失了,她看到有人表情无奈地看着一堆文案发呆,有人对着电话哈哈大笑,有人把手里合同气愤地摔在了桌子上,而站在桐桐对面的客户指着自己不知说些什么话,只看她表情愤怒,嘴巴一张一合。桐桐失聪了,毫无征兆。

这一瞬间她前所未有的淡定,平静地走出办公室,走到川流不息的街道,她看着城市中变化着的一切,闭上眼睛,聆听寂静……

这次短暂的失聪让桐桐没办法再继续工作,她的听力严重下降,医生说是中耳炎导致的,需要慢慢休养。由于这场疾病,桐桐可以不用通过戴耳机掩盖嘈杂的声音,外界所能倾听到的声音都如山洞回声般传到自己的耳内。

疲于奔命了三年,桐桐终于停下了匆忙的脚步,等待自己的灵魂追上身体。她发现自己跑得太快了,心在身后追,灵魂却早被甩得没了踪影。她重新打扫了自己的房间,扔掉三年来积攒起来的"垃圾",直到晚上7点多,房子被收拾得简约而干净。她为自己煮了一碗清淡的面条,发现竟如此美味,回想曾经和同事们混迹在各大饭馆,品尝过无数山珍海味却没有这一碗简简单单的面条吃着舒服又暖心。原来人可以活得更简约。

桐桐开始每天睡前读一篇文章,早上早早起来给自己做个营养早餐。她开始戒烟戒酒,有规律的生活,读书思考,倾倒脑袋里拥堵的垃圾;她学会聆听自己的心声,开始关心自己,爱自己,她终于明白原来是自己走得太快,世界太吵,让她无暇聆听树上的鸟儿在清晨的阳光下"叽喳",甚至直到一个星期前,桐桐才发现她已经住了三年的小区中心居然还有一个大湖。原来她错过了那么多美丽的风景,那么多好听的声音。三年内她忽视了心灵的呼唤,在尘世的喧嚣中努力挣扎着,换来的却是对未来更加迷茫的期盼。

桐桐坐在林荫树下的木椅上,碧波荡漾,湖水倒映着湖畔的柳树,微风拂面,看着眼前那一片安静的湖水,思索着。人心就像湖水,如果内心波涛汹涌,心就盲了。当自己不管面对何境何景都能让湖面平静,便能照应世间万物的一切。

桐桐重新回到工作岗位,但不再是那个整天受困于争夺、纠结和挣扎之中的"奔跑者"。她能够很坦然地面对每一位客户,她不会再让工作塞满自己的生活。正常上下班,有效率地处理自己的工作和时间,为了避免给自己增加麻烦,尽量不要为了业绩签一些有问题的客户。随着桐桐对工作态度的转变,她的业绩虽不至于冲到前几,但一直很稳定;因为对客户拿捏得很准,也不贪图业绩,所以麻烦少了很多;因为常常能节省出"善后处理"的时间而做了更多有效率的事情,反而让自己的工作状态很轻松。同事们很羡慕她,桐桐只是告诉她们,世界太吵的时候,坐下来安静一会儿,听听自己的内心,再做出选择。

桐桐的听力已经恢复了,世界也安静下来。她常常为自己温一壶茶，闲暇之余看看暖心的书籍，阳台的绿植已经长得茂盛。生活不必你争我夺，世界太吵，静下来与内心对话，它会对你说，生活就是让自己欢喜。

放下一天的工作，卸下一路上的尘土，回到家中，一顿简餐，3克白茶，一本书，宁静的房间只有书页翻动时发出的簌簌声。

让你的心每天偷一会儿懒

八月，燥热的街头，锦闻骑着她的二手单车，穿梭在北京的大街小巷。就像一个连锁反应，如果你的心情是糟糕的，你会觉得全世界的人都跟你过不去。烈日骄阳，锦闻擦擦鼻尖的汗水，单车已有些微烫。锦闻在这片老城区转了快一个小时，却一篇新闻都没有采到，只能垂头丧气、漫无目的地在街上转悠。

锦闻在一家网站做采编，平时需要出去采集新闻。以往的工作都是忙里偷闲，一天一篇稿子不难。北京是个最不缺故事的地方，这是锦闻最初的想法。初来公司，陌生的同事，陌生的环境，刻板的领导，这一些都需要重新适应。

不同于其他的采编，锦闻不常写些热议的话题，热议往往跟负面有关，她不希望人们看到这样的新闻，内心徒增波澜。她的新闻常走一些普通或很小众的路线，温暖平淡，所以点击率不高。但新闻就是要抓人眼球，锦闻最近被领导施加了很大的压力。

锦闻回想着这几天的不愉快，不免加快了骑行的速度，也希望让速度带来一阵微凉。谁想到街角突然冲出一辆自行车，两个人撞了个满怀。锦闻摔倒在地，膝盖磕破，擦出条条血丝。暗自咒骂的锦闻心想，不顺的时候倒霉的事也会跟着接二连三地找上来。骑自行车的同样是一个年轻的女孩，女孩并无大碍，她从车上下来，扶起锦闻，焦急又自责地跟她道歉。锦闻本想发火，但见女孩态度诚恳，心想，罢了罢了，这样也好，可以因这次工伤跟领导请假两天，借此机会好好休息一下。

锦闻一瘸一拐地推着已经掉了链子的自行车往回走，女孩追上来一脸担心："要不，去我们那里休息一下再走，中午气温最高，如果没有急事，等下午气温稍降再回去吧。"

锦闻本想拒绝，但心底有个声音在说："跟她去，休息一会儿吧，你太累了，不要这么折磨自己。"于是，锦闻犹豫片刻点头说好。

女孩叫小白，在一家茶书院做古琴老师的助教，一个年轻的90后女孩，简单干净，毫无陈杂。一路上女孩开心地和锦闻介绍他们的茶书院，锦闻对茶不敏感，更不要说古琴。七拐八拐，走进一处隐蔽的四合院，不同于来之前狭窄逼仄的街道，整个院子很开阔，铁门旁开满了蔷薇花，锦闻仿佛落入了桃花源，想不到京城胡同的角落里居然还有这等古朴美丽的地方。院内一棵大树，有人在树下的石凳上读书品茶。

坐在树下穿着中式盘扣棉麻布衣的女子就是小白口中的古琴老师许何。锦闻第一眼见到她就觉得这人与众不同，她的动作很轻很慢，但不做作。

茶书院常会来些客人，但院子里没有喧闹的气氛。人们都忙着做自己的事情，但从他们的脸上看不到焦虑、抱怨和无奈。

小白介绍了彼此，简单说了一下刚才相遇的过程。许何看看锦闻腿上的伤口，没什么大碍，就是擦破了几处皮，她简单处理了一下伤口，三个人才终于坐下来。许何煎水煮茶，动作简单儒雅，不像锦闻曾经在电视上看到那种泡茶女子带着娇骨柔媚。三杯茶滑过喉咙，茶虽热，入口甘甜香醇，仿佛还带有一股清凉。

许何看着锦闻的脸说道："女孩子眉头舒展开来更好看。"

锦闻从来没有意识到自己的眉头居然都快皱成了"川"字型。也许是习惯了，每天照镜子时都不以为然，然而这样的容貌却让细心的人轻而易举就猜透了自己的心情。

树叶轻轻摇曳，树下一片清凉；慵懒的午后，定下心来，诉一段心事，品一壶茗茶，这样的环境很容易让人放松下来。几人聊了两句，锦闻便向许何发出求救信号，把最近的苦闷和焦躁倾吐出来。许何只是耐心聆听，并未急着给出答案，她从容地为她煎水煮茶，不打断，只是耐心地听她诉说着。

语毕，锦闻长呼一口气，仿佛卸下了千斤重的包袱，不仅倾倒了这几个月的垃圾，还顺带把这二十几年来的苦闷也一同倾倒出来。

"改变人生先从改变念头开始，外界的呈现都来自自己的内心。"许何缓缓说道。

"改变念头，念头谁能控制得住呢？"锦闻问。

许何笑笑："当然由你控制。念头决定一个人能感召到的人和事，如果一个人每天想的都是负向能量的东西，那么他的人生一定处处坎坷；如果一个人能用正面的意念转变当时挫败的心理，我想好事很快就会上门找他。"许何说。

锦闻陷入了沉思。

许何问她："是非对错是绝对的吗？你每天面对的那个自己是真实的你吗？"许何一连抛出两个问题，锦闻又是哑口无言。心理学的书籍锦闻看得很少，哲学的书更是不多，佛经简直就是天书。

这是她留给锦闻要思考的问题。其实很多问题都没有答案，或者说每个人心中的答案都不一样，所以答案要去自己寻找，才能给自己一个最满意的结果。

慵懒闲适的时光总是过得很快，锦闻受益匪浅。有一些问题开始出现在她的脑海中，让她不断思考。

在踏上回公司的路途中，锦闻一直思索着许何的问题和她最后说的那一句话："外界的呈现都来自自己的内心。"

到了公司，同事基本上都已下班了，锦闻回到办公室看到主管小建并没有离开，他看到锦闻一瘸一拐地进来，用冷漠的口气问她怎么了？锦闻从来到公司到现在都没有接受过一场培训，所有的事情都是自己摸索着干。那天她鼓足勇气主动找小建谈话，表达了自己的想法和最近工作遇到的问题，以及自己遇到的障碍。小建听完若有所思，他说："那你为什么才跟我说？"

锦闻这才明白，原来根本不是小建不愿意帮助他，他虽看起来冷漠，但不代表内心也同样冷漠，我们在看人的时候往往看到了别人展露的那个不真实的自己，却从未走入他们的内心。

所有的矛盾都是在缺少沟通的情况下发生，锦闻这一天从未有过如此畅快。原来她一直认为小建对她的工作不满意，不愿意帮她，但事实上小建并没有这样想，这一切都是锦闻自己的想法而已，是她自己给小建贴上了冷漠无情的标签。

通过这次沟通，小建帮她疏导了工作的问题和解决方案，甚至还告诉她怎么采集新闻，怎么编辑稿子才能更有效率。

闲暇之余锦闻会常去许何的茶书院，哪怕两个人不说话，只是静静地坐着也好。生活需要一点空闲，让人们来思索生命的意义何在，人生不能稀里糊涂地过，否则时间也就稀里糊涂地荒废了。

放下一天的工作，卸下一路上的尘土，回到家中，一顿简餐，3克白茶，一本书，宁静的房间只有书页翻动时发出的簌簌声。

一个明朗的下午，一段秋潭水落的古琴乐，一首诗，一盏茶，一个人。选一处清凉之地，悠然自得，尽享生活之乐趣。

> "每天你都有机会跟别人擦身而过,你也许对他一无所知,不过也许有一天他会变成你的朋友或者是知己。"这是《重庆森林》里面的经典台词,可有时我们擦破了肩,却还是从彼此的世界错过。

放下,才能体会淡泊宁静的生活

蓝色棉麻桌布,青灰色水泥地,暖黄色的墙皮上贴着几张近期乐队的演出信息,角落里摆放着一架破旧的木质钢琴,高脚椅旁立着一把木棉吉他,手磨咖啡豆的香气四散飘逸,音响外飘着Keren Ann的《Not Going Anywhere》,岁月如水,淡泊宁静。

2010年底,还没到世界末日,夜空中还没升起那颗最亮的星,Devics刚刚结束了在北京的第一场巡演,一切仿佛昨日在脑海清晰浮现。肖琳当时还是个稚气未脱的大学生,毕业之前一直在学校附近那家只有30平米的咖啡店打零工。咖啡店人不多,却常来些熟客,时间久了彼此熟络,无需太多语言和殷勤,肖琳已心知谁会坐在什么位置,点哪种口味的咖啡。闲暇之余,肖琳手托腮看着吧台前那些踟蹰的人们,眼睛盯着莫名的远方,怀揣心事。

摆脱一天的疲惫，闻着香醇的咖啡散发出的味道，找个角落安静地坐下，从书架里挑选一本书静享午后闲适，或放空自己的大脑，只呆呆地看着窗外就好。咖啡店让人们在快节奏生活之余可以有个稍作休憩的地方，仿佛是大海中的避风港，可以使人们享受那份轻松愉悦，从每一口香醇中品味细腻的滋味。

咖啡店像个小驿站，人们相聚这里，借着咖啡的味道和空气中弥漫的气息，尽数那些过往的心事。

"每天你都有机会跟别人擦身而过，你也许对他一无所知，不过也许有一天他会变成你的朋友或者是知己。"这是《重庆森林》里面的经典台词，可有时我们擦破了肩，却还是从彼此的世界错过。

肖琳来到这里打工后，店主几乎很少留店，店里事务常由肖琳一个人打理。但店主曾交代过，有个男人常在这里出没，每次来，他都会问同一个问题：有没有一个叫青菡的女孩来过，你就只管摇头就好。肖琳茫然地点头，老板的表情让她心生紧张。可当她第一次见到那个男人的时候，他的模样让肖琳记忆深刻：高高的个子，蓬乱的短发，一副睡不醒的模样，他的眼睛看起来总是悲戚戚的。他不喝咖啡，每次来只要一杯柠檬水。但走之前他都会问肖琳，有没有一个叫青菡的女孩来过？他几乎每个星期都会来一次，点一杯柠檬水，喝完后把里面剩下的两片柠檬吃掉匆匆离开。肖琳曾经一度怀疑是自己失忆还是那个男人失忆，他几乎每次离开前都要到吧台前跟肖琳重复这句话,但肖琳还是耐心地听完,然后摇摇头。

回忆铺天盖地,说好了要把你们盖好,却忍不住再次掀起。

终于有一天这个男人不再来,时光流逝,肖琳几乎快忘记曾经那个喜欢吃柠檬的 "失忆"男。直到肖琳毕业后,他说的那个女孩都没有来过,她不知道他又去了哪里找她,还是他选择不再等待,最终放下那份思念与执着。有些感情可能不是苦涩的咖啡,也许更像是酸得让人流泪的柠檬。

又又是这里常客。前不久她跟肖琳说,她要跟男友小飞去婚前旅行。而他们的坐骑居然是店老板的那辆二手摩托,又又对那辆破旧不堪的摩托情有独钟。因为它承载着她和小飞的无数个回忆。

当又又跟她说起这个振奋人心的消息时,肖琳回忆起几个月前,又又第一次来到咖啡店的情景。那个时候,她窝在角落的沙发里直到打烊,样子像只受伤的小猫。当肖琳走到她面前提醒她该离开时,她抬起头,眼睛红红地问肖琳:"为什么有些人擦破了肩却还是错过。"

那天,又又失恋了。

她曾无可救药地爱上了一个一点都不爱她的男人,这个男人没钱,长得不帅,最要命的是连脾气也不好,可傻姑娘就是没法回头。直到那天,又又的前男友带着他的新女友回到他们的家中跟又又说他们不合适时,她才平静地收拾好行李走出家门,走到这家咖啡店,一坐就是9个小时。

当时小飞也不是这里的常客,没想到第一次相识他就吃了这位中国姑娘的闭门羹。小飞是个来自加拿大的留学生,学的专业是中文,但说的中文很不怎么样。那天,又又坐在角落里的钢琴椅上看着纹丝未动早已凉透的咖啡发呆,小飞和他们那帮长着黄头发的小伙伴们坐在她旁边的位置。他看到又又一直盯着咖啡一动不动就好奇地走过去用英文跟她打招呼:"Hi,I am Philip."但又又连头都没抬依旧盯着那杯凉透的咖啡用中文说了一句:"如果你不会中文,请不要和我说话。"这句话让小飞大受挫折,而他身后的朋友顿时嘘声一片。小飞无奈地摊摊手用他仅学会的几句中文说:"如果你愿意,我可以跟你学中文吗?"

毕业之前,小飞的本地方言已经学的比肖琳都多了,每次又又去菜市场买菜,小飞都乐此不疲地帮她砍价。又又重新找到了幸福,他们打算年底结婚,婚后跟小飞去加拿大。

临走之前又又去找肖琳,单独一人。她很少坐在吧台前,那天她要了一杯美式咖啡,她说在没来这家店之前她很少喝咖啡这种苦涩的东西,那天她看着凉透的咖啡一直思考着:全世界有好几十种咖啡豆,它们香醇,苦中带甘,还稍带一些酸味。如果不去细细品味,几乎难以分辨其中的滋味,生活何尝不像这咖啡一般，苦涩中泛着香醇。从外面看起来颜色都差不多，可只有细细品味才知道它们的区别。上一次爱情走得太快，这一次爱情来得太急，她还没有让伤口愈合就开始一段新的赛跑。

她忘不了前男友，她常偷偷一个人深夜去刷他的博客，看他的心情和状态，却忽视了身边一直死心塌地爱着她的小飞。小飞的出现帮她抚平了伤痛，却一直未俘获她的心。人走茶凉，悲伤还在。

时至今日，末日还是没来，《夜空中最亮的星》已占据部分青年人的手机，Sara lov出了新专辑。小飞骑着那辆二手摩托车，带着又又走遍了大半个中国，他们撞过树，掉过坑，在凄冷的夜里挨饿受冻。两个月后，他们又黑又瘦。肖琳以为又又早已迁居国外，没想到肖琳辞职的最后一天再次见到又又。

分手那天小飞哭了，又又也哭了，两个人稀里糊涂地抱在一起做最后的告别。飞机冲向天空，带着小飞永远离开了又又的世界。

一切都在变化，在不经意的瞬间，时光从指缝溜走。咖啡店又换了一批新面孔，肖琳再次坐在曾经熟悉的位置，点一杯浓浓的咖啡，品味其中的滋味。生活还在继续，偶尔停下来，回忆一下过去，每一个片段，每一句不曾斟酌的话语。角落中的人们是否还在思念已经消失了许久的人们。你匆匆来过，不曾留下什么，但我知道你留下了你的时间并停留在我的记忆中。

　　抽出一本赏心悦目的图书，听一首轻快缓慢的音乐，放下那一瞬间的执着。你会发现品一杯香醇的咖啡，品味年华中的过往，让时间停留在当下……这，就是美好。

> 一个人成功后，他的生活也会被迫做出改变，从前的心境和想法，或许在成功的光环下，再也没有容身之处。这时候，我们才明白，原来有时候成功未尝不是一种负累。

成功未尝不是一种负累

身边要有一些不追逐名利的朋友。他们追求简单的物质生活，喜欢赤脚走在绿意盎然的原野里，喜欢拥抱清新的自然，听时钟在耳边滴答作响，细数流年。

身边要有一些搞艺术的人。这群人单纯、专一，有时还带有一些天真的傻气。他们在画布前天马行空地挥动着画笔，创作出一幅又一幅震撼心灵的作品。

身边要有一些技术精湛的手艺人。这个社会手艺人不多，他们的东西不同于千篇一律的复制品，他们让物品拥有自己的灵魂和独一无二的个性。

身边要有一群性格各异的朋友。他们或狂热或诡秘，但他们独立，喜欢奔跑，不看着别人而活，不去模仿那些虚假的现象，因为精神不可复制。

娜娜是一家品牌公司的首席服装设计师，年轻漂亮，事业有成。在男人眼里，她是无法企及的"公主"，因为她从来不会低下头好好看他们一眼；在女人眼里，她是让人嫉妒羡慕的对象。人红是非也多，所以在圈内总是有绯闻传来传去，可娜娜从来不理会那些来自四面八方的流言蜚语。身正不怕影子歪，何必去理那些闲言碎语。

当娜娜每天早上带着GUCCI的眼镜，手里握着星巴克的咖啡，脚踩着Prada的高跟鞋，昂首挺胸，步伐坚定地走进办公室那一刻，几乎所有人都要向她行注目礼。

走进办公室，娜娜坐在她的真皮沙发椅上，翻看最新一期的时尚杂志。助理轻敲办公室的门，向娜娜报告了最近时装发布会的日期以及最近的商品调查、品牌调查和市场调查的资料数据，还有料子的供应商更换的问题。娜娜揉揉太阳穴说："好了，好了，知道了，出去吧。"助理走之前又告诉她一会儿有个面料展会，一个小时之后开始。

"又是展会。"娜娜心里抱怨道，这马不停蹄的工作让人几乎没有了休息，自从坐上首席设计师的位置，金钱、掌声、荣誉和名利铺天盖地而来，那段时期她几乎快被成功冲昏了头脑，走在路上也似乎像是在云中飘。可享受成功的快感永远都是那么短暂，此后时间对她来说永远都不够用，一抬眼便是天黑。她有多久没有拿起剪刀，缝制自己喜欢的衣裳了。

那时她努力实现梦想,每天游走于各大国际品牌展览会,参加各种各样的T台秀。这一天虽然已经到来,但脚步却无法停止。在这个人才辈出的年代,年轻人大多努力,回想自己也曾经历了千辛万苦才超越了走在前面的人,在这个时装界的舞台为自己争得了一席之地。成功容易,但保持住那份成功却要比之前付出更多的努力。

展会在下午3点多钟结束,娜娜开着红色的轿车行驶在宽阔的马路上。悠然一瞥,她看到一家老旧的裁缝店,还挂着曾经的木质牌子,坐落在这条小街不起眼的角落里。惯性使然,她不自觉地放慢车速,最后停在路边的树下,锁好车,穿着她十厘米的高跟鞋稳步地迈向那家小店。

刚一进屋,一股布料的气息扑鼻而来,缝纫机嗒嗒作响,一个女孩佝偻着背认真地在缝纫机前给衣服码边。女孩居然没有注意到身后的娜娜已经来了很久,甚至都没注意到那一声声的高跟鞋踩在灰色的水泥地上的声音。娜娜轻咳两声提示有人来了。女孩这才转过身,看着眼前这个女人,她散发出的气质与屋子里的一切都是不搭的。娜娜想,女孩一定非常惊讶自己的店里居然来了这么一个时尚界的主儿。不过女孩只是露出真诚的笑意,叫她随便看,有喜欢的可以自己拿下来试穿,试衣间就在左边的角落里,随后便又继续投入到自己的手工制作里。

这家店虽小,但干净漂亮。娜娜惊讶于女孩的平静,如果是多年前的自己，如果看到这样一个女人站在自己面前，内心一定会激励自己要努力超越她。由于自己心中的傲慢，她想转身离开，但门口那件中式盘扣的真丝旗袍深深吸引了她。她想如果穿在国际T台模特的身上，一定会迎来很多掌声。这是娜娜惯有的念头，当年她每做一件衣服都希望能把它们展现在T台上。娜娜随后转身又看了一些其他的衣服，她不得不承认女孩的手艺真的很不错，一针一线都缝纫得极其认真和妥帖。

她问这件旗袍多少钱。女孩停下手中的工作，穿着白色的围裙向她走过来亲切地说，这件衣服只是一个样板，目前只有一件，所以还没有打算卖，如果她喜欢可以先预定。

女孩又说，来这家店里做衣服的人不多，现在很多人都喜欢买现成的，方便，样式随时都可以试穿，不像手工制作的衣服，又要量尺寸，又要来来回回地试，不合身还得重新再改，往往一件衣服要等上好几天才能穿到身上。但总会有一些手艺人，就是喜欢这样的工作，为别人缝缝补补，给每一件作品都赋予它独特的意义。我的衣服只做给喜欢它的人。

女孩这一番话句句打在她的心上，她从来没有想过为一个普通人做一件合身的衣裳，永远都是模特的尺寸，只求料子的质感和穿上去的美感，却忽略了人们在穿上它们的时候是否觉得舒适。

回忆几年前，自己也是这番年纪，在一家服装设计室工作。然而设计与她无关，那些成堆的图纸始终堆在箱子的最底层，无人观看。但她仍然希望有一天能把自己设计出的作品变成现实，所以在这条实现梦想的路上她也从未停步过，即使是顶着烈日骄阳去各大布料批发市场给设计师选料子，自己也是心甘情愿的。

那时的她愿意花上一天再加上一夜的时间让针线在布料上飞舞，那也是她最快乐的时光，每一个东西都需要精雕细琢，可现在她已经没有那么多空闲的时间再去认真地缝一件自己喜欢的衣裳，所有的设计作品都要符合市场潮流，符合高端人群的口味。但这个女孩不一样，她的作品朴实无华，不落俗套，虽古朴但有韵味。娜娜当时便生出了一个想法，让这个女孩为自己打工。这个想法刚一出来，她便打消了，还是让这样淳朴的手艺留在这里吧。她幽幽地叹了口气。

那件旗袍她没有预订，她只是觉得很多东西就应该放到原本属于它们的位置。女孩的梦想是为每一个喜欢手工服装的人精心地缝制一件他们喜欢的衣裳，娜娜的梦想是让每一件手里的作品都能够展现在T台上。她们有不同的追求，自然也有不同的收获，娜娜收获了名利和财富，女孩收获了自由和快乐。然而什么才是重要的？没有一个标准的答案，但这个世界上总会有一些人让成功变成一种负累，她们失去了宝贵的自由，失去了去做这件事情的意义。

常常会听到有人感慨，人在江湖身不由己。有时候，我们会被生活推着走，无论是好是坏，我们都无能为力。一个人成功后，他的生活也会被迫做出改变，从前的心境和想法，或许在成功的光环下，再也没有容身之处。这时候，我们才明白，原来有时候成功未尝不是一种负累。

人生，免不了要面临离别的凄苦，有些人，注定只能陪你走一段路，走着走着，就会在某个路口说再见。生活里有太多需要我们去面对的事情，告诉自己，那个适合自己的人正在下个路口等待，请用一张灿烂的笑脸去迎接。

做人呢，最重要的就是开心

苏原家楼下经常会有流浪狗出没，其中有只土狗脸上有疤，看着老成稳重，它常率领三五只狗成群结队，四处觅食。苏原猜那只老狗起码有七八岁了，它认人，也认路。经常跟着喜欢给它喂食的人后面跑。珍妮是它的好朋友，每次苏原带珍妮出去散步，都会遇到那只老狗，两只狗一见面并没有像其他狗见面一样，或是大闹，或是撕咬，它们常肩并肩说着苏原听不懂的狗语。

珍妮快两岁了，是个标准的小土狗。当年苏原半夜11点多去城郊，从狗贩那把它买回来的时候，它才只有2个月大，眯着眼睛缩在苏原怀里颤抖，本来珍妮的原名叫"珍妮花儿"，本来珍妮应该是一只漂亮的大金毛。可当苏原精心饲养了5个月后，发现这只"金毛"并没有长成金毛应该有的样子。有一天，苏原整理电脑里珍妮的照片，回头看看珍妮圆咕隆咚的身躯，清醒过来，大喊一声："当初你为什么要骗我？"珍妮被苏原吓得愣在原地，呆呆地看了他好久，最后摇着尾巴欢快地啃网线去了。

当苏原发现自己出钱出力养了半年冒牌的金毛时，他觉得自己被这只狗骗得好惨，他想过把它卖掉，还想过把它送人，甚至恶毒地想，干脆把它饿死算了，但他都没有。

领养珍妮的前一个月，苏原刚和他的女朋友安歆分手，五年的长跑终于跑散了。分手时苏原还在上海出差，正和客户在饭店推杯换盏，喧闹中，同事一个劲地提醒他，他的电话已经响了好几遍。苏原接起电话，嘈杂声中，安歆的话他一句都没听到，只听到最后那句"我们分手吧"。

当苏原赶回北京，安歆早已整理好东西离开他们的房子。苏原颓然坐在沙发上，他想不明白为什么。

安歆喜欢金毛，分手前，他许诺送她一只，结果人都走了，狗才买成，还是冒牌的。在他最痛苦的日子，珍妮一直以金毛的名义骗了他好久，也陪伴了他好久。刚养狗那会儿，苏原偷偷带它去办公室，放在纸箱里，后来同事发现屋子总是飘着淡淡的尿骚味，于是珍妮被立刻送回了家。

第一天在家，苏原关上门，站在门外，听珍妮在里面委屈地哼哼了半天，还有一阵抓门声，苏原担心，开门，抓起珍妮，对着它的小鼻尖说："听话，珍妮，爸爸今天要去上班，你在家不许捣蛋，晚上回来给你带好吃的……"唠叨了几分钟，珍妮不闹了，苏原离开也没再听到抓门声。人有习惯，狗也有。过了几天，珍妮已经不怎么在上班前偷偷从门缝钻出去了，而是乖乖站在门口，等苏原走后就老老实实在家玩。

这几个月来，珍妮造成的麻烦不断，咬断网线，尿湿沙发，踩翻饭盆，苏原气愤之余却舍不得打它。于是珍妮的脾气就被惯坏了，我行我素，很少听话。

有一天晚上苏原带珍妮去公园，趁着苏原打电话的工夫，珍妮溜走了。苏原挂断电话，大喊珍妮的名字，无狗吠应和，只有路边的行人投来怪异的目光。苏原急了，到处找，公园的树林里、草地上，房屋的角落，甚至还在湖岸边都用手机照了个遍，也没有看到珍妮的影子。苏原心想，完了，我的金毛还没养大呢就被别人拐跑了。

那一刻他想起了安歆，不免悲伤，那天也是没有告别的分手，至今安歆的离开还是个谜。在他脑袋里，苏原为她找了无数个分手理由：爱上别的男人，被大款包养，得了绝症，只是想来一场说走就走的旅行……

不管苏原怎么猜测，安歆的电话始终关机。苏原坐在湖边的木头椅子上看着平静的湖水。月光倒映在水面上，夏天的知了在树上嗡嗡地叫着。在半年之内他被一个女人和一条狗抛弃，一想到自己这副被人遗弃又落魄的样子，苏原鼻子泛酸，揉碎烟盒里最后一支烟。他突然想起TVB经典台词：呐，做人呢！最重要的就是开心，饿不饿，我给你煮碗面。苏原顿时觉得自己还真有些饿。自从安歆走后，厨房已经快结蜘蛛网了，但锅碗瓢盆还在。一想到这，人生似乎突然有了方向。对，回家煮面去，苏原想。

走到公园门口，见前方不远处有个女孩正摸着珍妮的头，苏原兴奋地冲过去大喊"珍妮"，女孩抬起头看到苏原问他："这是你的狗？我刚才看它站在街道边一直哼哼唧唧的好像在哭，我想一定是跟主人走散了，怕它走得太远，就带它在公园门口等着。"苏原千恩万谢，还说要请她吃面条，女孩摇摇头说"照顾好你的狗"就离开了。苏原看着女孩离去的背影，他想，我不仅要照顾好自己的狗，还要照顾好自己。

苏原终于吃到了自己煮的那碗面，珍妮的尿渍遍布屋子的角落，已经凝固干涸，也许是习惯了这种味道，他从来都没有想过好好的清理，就像他觉得自己似乎活得很好、很开心，即使女朋友丢了，也没多大点事儿。那是因为他从来不去看隐藏在内心深处的伤，更不要说去试图抚平它。这是安歆走后，苏原第一次好好打扫自己的屋子，顺带把自己的内心也打扫了一遍。他一遍遍地回忆着和安歆的过去，一遍遍让自己放下。珍妮不断在他身边捣乱，茶几上的水杯被弄翻在地，玻璃碎了一片。门铃响起，开门，是安歆。

两人坐在沙发上整整半个小时没有说话，你一支我一支，烟雾缭绕，看着满地的碎片和烟灰缸里不断堆起的烟蒂。苏原打破沉默说："你欠我一个告别。"

五年时光，他们从无话不说到无话可说，安歆对这样枯燥的生活感到厌倦，她不知道生活的意义到底何在，只是为了柴米油盐，工作上班？两人如行尸走肉般过着平淡无奇的日子，所以安歆选择逃离。再次回来，安歆坐在沙发上幽幽地说："我不是来告别的。"

安歆回来后，彼此更加珍惜，珍妮慢慢显露出土狗的本质。人总是有习惯的，狗也一样，相处时间久了，不管珍妮是不是土狗，两个人一如既往地关心它、照顾它。苏原和安歆开始了新的生活，即使再忙，他们每天都会出去遛遛狗；即使时间再挤，都要利用剩下的时间出去旅旅行。生活不能只是平淡无奇的度过，我们来到这个世界上不是为了不开心而活，而是要活得开心，所以把心放开。

"你饿不饿啊，我去煮碗面给你吃。"有时候，一个寒冷的夜晚，一碗面，足以温暖整个冬天。人生，免不了要面临离别的凄苦，有些人，注定只能陪你走一段路，走着走着，就会在某个路口说再见。这时候，含泪告诉自己，做人呢，最重要的是开心。生活里有太多需要我们去面对的事情，我们学着发现生活里细微的快乐。告诉自己，那个适合自己的人正在下个路口等待，请用一张灿烂的笑脸去迎接。

物虽冰冷，但它们不会离开你，直到你厌倦了它们才会丢弃。人不同，永远都是两个人的选择，所以我们遇到很多人，却也只是遇到。细数七年时光，有些人在你的记忆里留下，偶尔想起，我们也曾做过别人生活里的路人甲，无关乎命运中出现的事，只匆匆路过而已。

孤独是一种胜利

失眠到凌晨，宁枫坐在飘窗前看窗外繁星点点，洗去白天的浮华与喧闹，夜幕下，城市慵懒又带些许睡意。耳机单曲循环播放着王菲的《夜会》……走完同一条街，回到两个世界。

一个人孤零零地来到这个世界上，带着别人的欢笑和自己的泪水，仿佛人生注定就是如此一般，内心的苦总是要留给自己，而面对别人永远都要展露笑颜。

宁枫常说自己有洁癖，好友听到这句话大都鄙夷地看她，每次进入宁枫家里，地上虽无垃圾，但杂物常堆满地，几乎毫无下脚之处，如果说宁枫有洁癖倒不如说她有恋物癖。房间柜子不多，零碎的物件不少，摆放不下只能装在箱子里或散在各处，阳台开满了各种花花草草，吊兰、绿萝、常春藤爬满围栏，宁枫喜欢简单的绿色植物,家中很少插花,她认为花应该长在泥土里。来到这个城市快七年,一路上遇到很多人,共同走完一条街,最后回到不同的世界。

物虽冰冷,但它们不会离开你,直到你厌倦了它们才会丢弃。人不同,永远都是两个人的选择,所以我们遇到很多人,却也只是遇到。

细数七年时光,有些人在你的记忆里留下,偶尔想起,我们也曾做过别人生活里的路人甲,无关乎命运中出现的事,只匆匆路过而已。

刚来北京那会儿住公寓,走廊里饭菜、香水、油漆的味道混杂在一起,早上一群人排队挤在水池旁,宁枫永远都是等到最后再去收拾自己。小清是她的室友,成都人,做得一手好吃的川菜。小清时常忘带钥匙,每次到了家门口,包里东西翻了个底朝天也没发现在哪儿,没办法,每次都要给宁枫打电话。她偶尔会加班,那时就会很担心小清进不去房间,于是下了班匆忙往家赶。小清盘腿坐在地上,悠然地看着手机,看到宁枫仿佛见到救星一般冲她扑去。小清时常在晚上10点多拉着宁枫往外跑,走不多远,只是一路沿途漫无目的。走过天桥,走过斑马线,走过一排排闪烁着霓虹灯的街道。

路上,每遇电话亭,她都要停下来,插上卡,拨着她熟悉的号码,宁枫常走了老远,回头不见人影,只能折回去,去附近的电话亭找她。那个电话从来没被接通过。宁枫问她，为什么不打手机，谁会去接一个陌生的电话号码。小清不语或岔开话题。此后宁枫不再问她，彼此心知肚明，那个号码关乎伤痛。

七月，烈日，宁枫搬离公寓，小清打算还留在那里，城市很大，有人相伴很难。我们常孤身一人行走在喧嚣的街道，独守那份寂寞，却无法让别人永远留在自己身边。

时至今日，宁枫还能回忆起离开前最后一天，小清依然拉着宁枫走在寂寥的街道上。那天她穿着灰白色圆领T恤，棉麻细格长裙，一双薄底的人字拖。她对宁枫说，我一直试图追回我曾丢失的感情，每天都在努力，那个号码我熟悉到每天睡前都要默念一遍，我不记得走过多少电话亭，拨过多少次那个号码，但他从未接过，一次都没有……

小柏是宁枫的第二个室友，积极乐观，对未来充满了希望，她有一个相处了六年的初恋，在哈尔滨读研，约好毕业后一起在北京奋斗。在小柏的生活里，只有工作和男友。宁枫每次下班回来，小柏还在加班，回家依然捧着电脑，做方案。她说要立足北京，无关乎金钱，只关乎尊严。小柏男友叫肖印，家境富裕，父母从政。宁枫见过一次，很低调，不张扬，但有个性，喜欢摄影，喜欢旅行。从懵懂的少年一路过来，两人感情始终未变。小柏说我们虽一个月只见一次，但每次我去机场接他，见到他那一刻，仍会怦然心动。怦然心动？对于宁枫来说那已是久远之前的事。

执子之手,与子偕老。宁枫见过很多异地恋,甚至跨过整个太平洋,如果不是为了寂寞而与你告别,那么漫长的等待便是最好的告白。

工作遇到瓶颈,小柏和肖印的异地恋同样缠绕着误会与矛盾。小柏原地暴走,对着话筒大喊,泪如雨下。她坐在沙发上哭着对宁枫说:"他终于受够了我每天像绳子一样捆着他。"那个外表坚强,内心极度需要呵护的小柏终于败给了距离,她比以往更加拼命的工作,但宁枫常半夜见她蜷在窗前看着漆黑的夜,默默抽泣。

12月冬至,干枯的北京只下过一场雪,1300公里外的哈尔滨,早已银装素裹。宁枫爱雪,那是家乡的印记。小柏分分合合的恋爱持续了半年之久。肖印已快毕业,说好的北京之约不知何时才能兑现。

次年5月,春暖花开,房东的儿子要结婚,没隔几天他满脸笑意对宁枫说抱歉。碰巧小柏要调到广州工作半年,又是分离。小柏穿着靓丽的职业装,拖着行李箱与宁枫拥抱。飞机起飞,回想两年前,宁枫叫她扔掉满柜子的小熊维尼时,她撅着嘴对宁枫说:"哎呀,其实这几件我都好喜欢。"

这几年搬家,宁枫似乎离京城越来越远,直到搬家快2个月,她才知道这曾是一个城乡结合处,楼下便是通往河北的高速公路。她便在高速公路旁一栋最突兀的高层建筑里住下。

二房东是个叫云瑶的四十多岁的单身女人，高傲、孤独、寂静，两人很少沟通，宁枫也很少见她出去，更是很少听见她的卧室发出声音。也好，交流虽少，但彼此互不相扰。整套房子三室一厅，她只租给宁枫一间，剩下一间一直空着，宁枫虽好奇，但却从未开口询问。

清晨鸟儿叽喳落在窗台，宁枫睡不着走出卧室准备早餐，看云瑶已备好南瓜羹、红豆面包和蔬菜沙拉。云瑶生活简单，吃的也很清淡，宁枫从未见她吃过荤腥油腻。与食素有关，云瑶看起来总是很平静。云瑶招呼她一起吃早餐，宁枫受宠若惊，乖乖坐下。那顿饭宁枫吃得有些紧张，宁静的气氛中，她听见蔬菜在牙齿里清脆的碰撞声。

云瑶做兼职钢琴老师，时间颇为自由，她曾离过两次婚，并未生儿育女，至今孤身一人。她们坐在桌边喝茶，她常说生活淡泊宁静些更好，拖家带口也是累赘。一个人孤零零地来，最后也要孤零零地走，这一路没人相伴不可怕，可怕的是终有一天离开，却不知去往何处。

宁枫知道她并非愿意独守孤独，她守得那份矜持又是何等无奈。一个高傲的人可以让别人仰视，但只有她自己明白高处的险和随时会崩塌的尊严。

宁枫回想七年前的最后一场恋爱，她选择独身一人走过，做别人生命中的过客。独身一人也好，与人厮守也罢，我们始终都要走完这段生命旅程。那个房间始终是个谜,就像每个人的心底都会藏着一个秘密。

知己难遇,一辈子有人同行更难,生命总要一个人走完,错过了就难再相见,所以宁枫更加珍惜身边遇到的每一个人,至少在这段孤独的旅程,他曾伴你同行过。

每个人都有权利过好自己的人生，我们时时刻刻都在制造记忆，也不可能对未来一目了然，活好当下就是你选择的最好的人生。

你选择的，就是最好的人生

洋子和雪儿是发小，两个人从刚会走路就在一起，从幼儿园到小学，两个人就一直没离开过彼此，一起上学，一起放学，同校也是同班。

洋子聪明好学，俨然一个标准的学术派，三好学生范儿。雪儿活泼好动，从小就表现出了另类女汉子的潜质：运动会、植树节、福利院公益活动她往往是冲在最前面的一个。

青葱少年，两人时常坐在落满粉笔灰的课桌上畅说着自己的理想，洋子说自己只想考大学，因为爸爸当年高考差6分落榜，于是留在乡镇小学当老师。从小爸爸就问我，考完高中念什么，考完大学念什么，考完博士念什么……于是在我的心中考学仿佛成为一件极其重要的事情，如果不念书就没有出路。

雪儿却不以为然，她的梦想每天都在变，今天说自己想当画家，明天又说自己想做裁缝，后天还说自己要做农民，在她天花乱坠的小脑瓜里总是装着各种各样不着调的想法。雪儿的家庭很民主，从小父母就尊重她的意见，父母的教育理念就是散养，所以雪儿的好奇心和动手能力极强，做事也有主见，常常在放学后怂恿三五好友走街串巷，嬉笑打闹。为此，洋子也被爸爸骂过很多次，说她早晚要被雪儿带坏。甚至有一次已经过了晚饭时间洋子才回来，爸爸就勒令洋子以后不许再跟雪儿玩。洋子为此纠结了好几天，最后只能和雪儿被迫做"地下朋友"。

高中毕业那年，两个人报考了不同的学校。洋子如愿考进了一所重点大学的中文系，雪儿高考落榜，选择了一所三流院校就读。

大学生活除了比以往的学习更轻松了之外，一切都没有变化。洋子过着图书馆、食堂和宿舍三点一线的生活，日子平静如水，生活安逸乏味。

雪儿的生活可谓刚从鸟笼出，一招飞上天，从高中累积成堆的卷子中走出来的那份轻松，让雪儿尽享大学生活的自由自在。步入学校的第一个学期，雪儿竞选学生会主席，落榜。接下来几天参加各种社团，没坚持几天，放弃。她开始在周末做兼职，尝试自己赚钱，结果终于拿到人生第一桶金。

上大学后，两人也频繁来往。洋子最期盼的是雪儿的到来，对于她来说，雪儿总是风风火火地冲进她的生命，给她带来色彩。但有一次雪儿和洋子几乎一个多月没有通过电话。洋子几次把电话打到宿舍都没人接，手机也关机，洋子着急，心知雪儿一定是哪里出了问题。不出所料，一天洋子上完最后一节课，跟同学回宿舍时，看到一个女孩背着背包蜷在门口，一看到洋子，女孩就冲过去抱着她放声大哭，惹得满走廊的人都好奇地看着她们。

雪儿失恋了，当初洋子看待这段感情的时候就极其冷静，她劝雪儿再好好想想。然而雪儿义无反顾，飞蛾扑火。她们从不强迫另一方赞同自己的想法，甚至从未想过改变对方，她们要做的就是尊重彼此的选择、尊重彼此的人生。雪儿的男友比她整整大10岁，是个落魄的画家。记得小时候，她老说自己以后要当画家，如果当不成画家也要嫁给一个画画的。结果她的理想实现了。

画家男友阿洛曾有一段刻骨铭心的感情，他始终无法忘记那个伤他至深绝尘而去的女人，雪儿明知如此，却义无反顾投身其中。洋子早已料到结局，雪儿却也心知肚明。

雪儿说自己的心盲了，也小了，只能装下一个人，就是他……

这次失恋对雪儿的打击很大，同时雪儿的性格也因此转变很多。那个粗枝大叶，整天嘻嘻哈哈的另类女汉子已经从她身上慢慢消失。雪儿对洋子说当年我觉得只要在自己的世界里过得快活，不给别人的世界添麻烦就好，却从未想好好地为自己的人生规划规划。和"画家"分手是雪儿提出来的，她觉得自己配不上他，"画家"的前女友漂亮、优秀、家境好，还在国外读艺校。雪儿觉得自己永远都比不上他的前女友。

这场失恋风波还未吹完，雪儿就已经打电话告诉洋子她要用自己打零工赚的钱开一家格子铺。雪儿好像一只带伤奔跑的小鹿，血迹未干，就已经驰骋在路上。

那时候在大学里很流行格子铺，同学们为了平时赚些零花钱，可以租一个小格子，租金50至100元，由铺主帮你卖东西，自己就可以坐收渔翁。你可以卖任何你想卖的东西，吃的、喝的、能用的、不能用的……只要你能想到的稀奇古怪玩意儿都能放在这里。

雪儿抓住了这个商机，她在学校宿舍楼下一层商铺租了个20平米的屋子，从收拾到装修全由她一个人来计划实施。格子铺落成，格子空空如也，于是她开始动员起能动员的所有朋友，先是免费代卖，收益好了可以续租，凭着雪儿有力的朋友圈和宣传，格子铺慢慢经营起来。有时格子铺也成了聚会场所，雪儿发挥她从小就喜欢呼朋引伴的特长，格子铺不仅经营得有滋有味，朋友圈子也越来越大。

四年时光，转眼即逝，每个人的故事都是一部欢泪史。

大学毕业，满地狼藉，对于洋子来说学生时代已成为过去，那些安心在图书馆抬眼便能望见橘黄色落日的年华已成回忆。在洋子疲于奔波在各大人才市场寻找工作之时，雪儿还在开着格子铺。在洋子已经找好工作，安心地步入正轨时，雪儿说要出国。她没有惊天动地考上一个艺术院校，也没去什么英国或美国这种主流国家，她靠自己开格子铺赚的一点钱加上父母的赞助，跑到菲律宾的首都马尼拉去读书。她说想去法国学服装设计，但是国内就读的学校太差，没法申请，想借助这个跳板先在马尼拉读两年书再去法国实现自己的梦想。

五年后，洋子辗转换了几个工作，最后回到县城做一名老师，男友在银行上班，两人都是普通家庭出身，大学毕业，经历相似，相处一年，很少磕碰，谈恋爱时洋子心里早已准备好了做他的新娘。雪儿从国外赶回来参加婚礼，进门那一刻，洋子眼中的雪儿活泼稳重，但骨子里还是喜欢活出自己。雪儿并没有去法国，她的梦想止步在马尼拉，但新的梦想从此开始。

她在马尼拉的第一年还是兼职打零工，后来进入一家外资企业做前台，因为一次停电事故，雪儿的冷静处理和积极组织的工作态度被领导看重，此后，行政转业务，雪儿一路平步青云。雪儿现在在公司里做执行总监，这一路只有洋子才知道她有多么不容易。每次深夜来自马尼拉的越洋长途，雪儿如孩子般跟洋子哭诉，她孤独，想念亲人，想回去过和洋子一样平静的生活。洋子鼓励她，就像当初一样，她们永远尊重和支持彼此的选择。工作中的勾心斗角，生活中的孤独凄冷，感情中的几次失败恋爱，经历了五年的时间，雪儿又一次活过来了。洋子时常钦佩雪儿这种乐观的生活态度，她能带着伤奔跑，还依旧能在风雪中微笑。

人生就是不断地面临一个又一个分岔口，在你艰难做出选择的时候发现前面依然还有A和B在等着你。有时我们是为了实现别人的理想，有时我们是在实现自己的理想。

　　因为当初尊重彼此的选择，从未想过改变任何人的想法，所以你的选择就是最好的人生。生活不一定要大风大浪，也不会永远风平浪静，面临每一次分岔口时，即使不小心选择走了一段弯路，但是弯路的终点还是要殊途同归。每个人都有权利过好自己的人生，我们时时刻刻都在制造记忆，也不可能对未来一目了然，活好当下就是你选择的最好的人生。

PART 2

投入地爱一次，忘了自己

爱一个人需要多久,可能一秒钟或者好几年;忘记一个人需要多久,可能是一辈子的时间。人山人海你与我相遇,万里挑一我选中了你,每一个与你相遇的人都不是偶然。爱很容易,别离难,人总是被那份情牵着,剪不断理还乱。

一个习惯了等待的人也会习惯黑夜，夜最安静，也最能让人平静地思考，不见白日的喧嚣与吵闹，只有自己跟自己的心灵说些悄悄话。

有些等待，是人生必修课

爱迪坐在梧桐树下的木椅子上，手里捧着《诗经》，微微俯身细细品读着每一个句子的美好。天气渐暖，柳树发芽，公园里的花儿争相开放。在五月暖暖的温度里，爱迪独自一人怀念心事，又有谁能了解。

多年以后，爱迪似乎已经习惯了一个人去餐厅吃饭，一个人逛街，一个人整理自己那份思念，看着自己逐渐消失的依赖感，内心也会暗自庆幸。

6点钟天刚暗下来，商场外的广告牌色彩炫目又迷人。这是一个难以入眠的城市。爱迪站在商场的扶梯上看着一楼大厅展览的雕塑。这个商场每个月都会举行一次大型活动，这也是爱迪最喜欢来这里的原因。上一次是一场画展，这一次是场雕塑展，类似于798艺术区尤伦斯当代艺术中心的展品。看着那些艺术家们用双手精心绘制出的艺术品，他们赋予每一个作品灵魂，让艺术有了更深层次的意义。

星巴克里的人永远都是络绎不绝的，落地窗外面的椅子上也几乎快没有了座位，爱迪手里捧着香气扑鼻的拿铁，慢悠悠地走在商场里面。

不同于其他女孩，爱迪喜欢买衣服，但不喜欢拿着成堆的衣服去试衣间花上一个小时的时间试衣服，她相信第一眼中意的东西是不会让人后悔的。曾经，她在一家品牌店里看到一个女孩因为同款不同颜色的两个包包，站在镜子面前整整比划了快半个小时都没决定到底要哪一个好。当爱迪在收款台结账时特别想告诉她，不要纠结了，哪一款背起来都很适合她的气质。可能她也是那样认为，正因为都很适合，所以才让人难以抉择。最后女孩似乎也变得焦急起来，她最后再看看那两个颜色的皮包，无奈地放回原处，转身离开。爱迪想，选择真的那么难吗？对于一个有钱人来说不难，他们可以毫不犹豫地买下两个包包，拿回家后，想背哪个就背哪个，可如果对于只能做出一个选择的人，要么放弃两个，要么放弃一个。这多像一场奇怪的三角恋情啊。

爱迪喜欢在电影院看午夜场，因为去看最后一场电影的人很少，通常结束以后都已是午夜。爱迪并不喜欢一个人包场看一场对于她来说无关紧要的影片，只是用来打发无聊的时间。

波士顿与北京相差11个小时，凌晨2点钟左右，爱迪都会接到来自美国的越洋长途。在太平洋的对岸，李尧刚刚结束上午的课程。李尧说大学繁重的课程时常压得他喘不过气来，每个人都在为了毕业而努力。他说他很快就会回来。

是的，应该快了，还有一年。爱迪从来都不怀疑李尧说的话，就像她从不后悔自己第一眼便选中的东西。就这样大学两年，毕业后又两年，对于漫长的四年等待，两个人隔海相望，爱迪每天听李尧诉说着身在异国他乡对家人和爱迪的思念。

刚到波士顿，李尧住在寄宿家庭里，有时坐公交出门常坐过站。他看着陌生的国土，陌生的皮肤，操着只停留在书本上的英语艰难地向那些人寻求帮助。大学课堂上，为了能够顺利通过考试，李尧买了录音笔，偷偷把教授的课堂内容录下来，再回去整理。

第一年对李尧来说是艰难的，他要努力适应这样的学习节奏，每天早上6点起床晚上凌晨1点多入睡。而不像在国内，高中一毕业，学生们便都欢呼雀跃地像刚从笼子里放出来的小鸟，任意挥霍大学里的每一分每一秒。美国不同，没有谁会因为谁而网开一面，如果不努力，你就无法拿到毕业证。

李尧每一分钟都不敢懈怠，就这样过了半年，两个人从越洋长途换成Skype。北京时间凌晨2点钟的网络经常断断续续，爱迪手托着腮看着电脑里的李尧经常保持一个姿势卡在电脑里一动不动，看着电脑傻笑着。

爱迪挂断电话，一个人在房间里，回想这几年，说未曾动摇过那是假的,已经很少有那种愿意跨过千山万水,只为见你一面的人。人们往往差的就是那么一点勇气。

三年过去了,我们还是曾经的那个自己吗?爱迪悄悄问过自己。等待就像一场与自己的争夺战,只有无声的硝烟。

一个习惯了等待的人也会习惯黑夜,夜最安静,也最能让人平静的思考,不见白日的喧嚣与吵闹,只有自己跟自己的心灵说些悄悄话。

打开电脑,爱迪眯着眼睛适应突如其来的亮光,打开网页,输入Facebook的账号和密码,没有头像,没有日志,没有照片,李尧离开那年,她用了整整一个月的时间找到李尧的脸谱账号。那时候他的登陆频率还很少,关注的也大多是学术方面的账号,后来又加入了一些中国留学生聚会小组,直到现在他的脸谱账号已经有近百人的关注率。爱迪常在晚上像个秘密特工一样,打开自己的账号,再以访客的方式进入他的页面,观察他最新的动向。爱迪也曾觉得这么做不对,可后来就形成了习惯,每天就像登陆自己的QQ一样自然。

前几年都相安无事,去年她看到了有一个中国女孩经常去他的页面留言,虽不至于暧昧,但是却能看出那个女孩对他很关注。访客记录里面经常能看到她的头像。爱迪那几天有些失落,但她还是忍住没有问李尧。因为这是属于自己的秘密,一旦被李尧发现,两个人之间就毫无信任可言。

说也奇怪，过了不久，那个女孩居然取消了对他的关注。那天，她装作若无其事地打电话给他，希望能从中寻找出一些蛛丝马迹，但关于那个女孩，他只字未提。后来这件事情，不了了之。

一年之后，爱迪以为李尧会回来，就像所有故事一样都有一个美好的结局，但事实上却不是那样。当爱迪像往常一样打开电脑，进入李尧的页面，却发现了一篇他写的日记。那晚，爱迪彻夜未眠。

原来李尧一直都知道那个陌生的访客就是爱迪，但他没有说，还是照旧在自己的脸谱上上传照片，写着日记。但李尧无法面对还在北京傻傻等着他的姑娘，因为他早就不打算回国了，而且也找到了合适的女朋友。直到那天，良心的谴责让李尧在日记里向爱迪坦白了一切，末尾一句落寞的"对不起"，显得那么苍白无力。

爱迪使劲咬着嘴唇，隐忍着自己的悲伤。清晨6点钟，她打开电脑，红肿的双眼看着李尧的页面，回复了一句，你永远都还不起我四年的时间。

亦舒说：对方若不爱你，你哭闹是错，静默是错，活着呼吸是错，死了也是错。

一个聪明的女人应该学会在适当的时机转身，为了尊严也好，为了断掉悲伤也罢，放手永远都是最善意的选择。爱迪删除了关于他的一切，也终于学会在孤独中重新认识自己，放弃了等待，心中无牵无挂。太平洋那岸的故事已经与她再无关联。人要学会照顾好自己，而不是想着为别人而活，四年时光，那是爱迪大部分的青春。时光已逝，人却再也回不来。生活还要继续，一个人又能怎样？！

> 人去楼空，曲终人散，留下的全是恨怨和思念。我的心只有那么大，你走了，我还没想好让谁住进来，请给我一些时间，安顿那些记忆吧！

整理心里的房间，让另外一个人住进来

爱一个人需要多久，可能一秒钟或者好几年；忘记一个人需要多久，可能是一辈子的时间。人山人海你与我相遇，万里挑一我选中了你，每一个与你相遇的人都不是偶然。爱很容易，别离难，人总是被那份情牵着，剪不断理还乱。人去楼空，曲终人散，留下的全是恨怨和思念。我的心只有那么大，你走了，我还没想好让谁住进来，请给我一些时间，安顿那些记忆吧。

又是一个滂沱的大雨天，她只身一人走在街道上。路上的行人神色匆匆，都忙不迭地往家赶，只有她自己一个人慢慢悠悠，仿佛还很享受这雨天一般。不是青琳不想打伞，而是她把伞又弄丢了。

青琳曾买过很多伞，但没有一把能真正用在雨天，不是丢了就是借人，而到了自己想用那天，却总是不在身边。她抓着裙子

的一角，却还是溅得满身泥水，索性就任雨水打湿衣裳吧。路上的行人都用一种怪异的目光看她。冷暖自知，青琳是这样安慰自己的。

还记得第一次和孟渊见面也是在雨天，自己忘记了打伞，站在教室的门口焦急得直跺脚，孟渊从自己的身边走过，帅气地打开自己那把黑色的大伞，旁若无人地走向雨中。青琳一跺脚心一横，站在门口大喊："喂，那位同学，带我一段儿。"孟渊转身眼神茫然地看着站在门口那位长得面容清秀的姑娘，点点头。青琳像找到救星了似的冲向了雨中，一下子钻到了伞里面。刚一见面，两个人目光互相碰撞那一刻，青琳的脸"嗖"的一红，赶紧低下头，心想："还好是黑天，应该看不见。"

孟渊一路上直直地盯着前方，青琳问他问题，他就斜眼看她一眼，继而双眼目视前方，简单回答了事。到了宿舍门口，青琳痛快地说了声"谢谢"就要往宿舍里冲，孟渊看着青琳的背影，怔了几秒钟，等到她的身影都快消失了，他突然在雨中大喊一声："喂，那位同学，你叫什么名字？"远处传来清脆的声音"我叫青琳"，接着身影便消失在宿舍楼里。

也许那就叫做一见钟情吧。青琳回到宿舍就开始大口喘气，心跳加速，室友不解，以为她跑得太快气短了，可只有青琳知道这是什么感觉。在这个世界上人山人海中我遇到了你，万里挑一选中了你，我想那就叫做缘分。也许是命中注定，也许累世有过约定，为什么那种感觉似曾相识。

也许感情有时候就差了那么一点火候吧。新学期开始，孟渊好不容易知道青琳在哪个宿舍，手里握着99朵玫瑰花，站在女生的宿舍门口。他看到一位女同学走过去，就对她说："能帮我送到309宿舍，给一个叫青琳的女孩吗？谢谢！"帅哥在门口发玫瑰花，女孩子在远处看着都高兴得不得了，可谁知道走近了一听他只送给一个人，那就是青琳。玫瑰花还剩下几支的时候，对面走过来一个女孩，站在他面前笑着看他，是青琳。

所有故事的开始都是浪漫的，虽然这之间还有一些不太圆满的小插曲。原来，那天青琳根本不在宿舍，而是在食堂和同学在一边看着头顶的电视新闻，一边往自己的碗里夹菜。室友小溪急匆匆地冲她跑过来，青琳还纳闷呢，小溪不是说肚子疼吗，怎么这会儿跑得如此欢快。小溪一看到青琳就大声说："不好了，突然有好多女生到咱们屋里送玫瑰花，我出去一看，居然是隔壁班的帅哥孟渊。"小溪激动得不行，好像那些花儿都送给了自己一样。青琳擦擦嘴赶紧往宿舍赶，结果就发生了前面那一幕。

后来青琳问他送了自己多少支花儿，他说99朵，她说你确定？确定。那为什么最后我数了只有七十几朵？可能喜欢的女孩子拿走了。那你岂不是把爱送给别人了？我不管，你给补上。好，一定会补上。

直到现在，孟渊还是欠着她的。杜拉斯说过："爱情本是一个不死的英雄梦,最应该无视世间的蜚短流长,代表着人性里最崇高的那一部分,是灵魂终于可以飞翔的机会。"但是,肉身太重,就算在爱情里,我们还是飞不起来。

原来爱情最经不起持久战,而毅力只是少数人才有的品质,女人感性,男人理性。一个人可以用多久的时间去抹掉记忆深处的影子?每个人都有不同的答案。

那些过去的东西还堆在记忆深处,就像一个恋物癖的人舍不得扔掉自己积攒了多年的旧物件。恋旧的人大都感情细腻,也谨慎,更是对世间的万物有情,所以他们容易伤。青琳也是恋旧之人,习惯使然,可用在感情上就没办法让人很快解脱。她的家里保存着和孟渊几年来所有的照片,他送的礼物、写的信、干枯的花儿……记忆深处也都是他的影子。清理现实中的垃圾很容易,我们一狠心一跺脚,装在纸箱里,扔个精光,再重新开始。可怎么清理自己的内心却不是那么容易的事,你要用时间来慢慢清扫才好。

偶读《郑风·褰裳》一句:子惠思我,褰裳涉洧。子不我思,岂无他士?狂童之狂也且。青琳豁然开朗,千年之前的女子就有如此傲气,而自己更不能做《狡童》里面的女子。

青琳再次翻看了从前的回忆,那些面庞闪烁着青涩,那些日记已经泛黄,旧物终将随风而去,随火而烧,随土而掩。清理好一切旧物,青琳重新面对自己,想起一个7岁的幼童曾对自己提过的一个问题，什么房子只能装人，不能装物。青琳想了很久没有答案。童儿笑着说，是心房啊。

如果我的心房只够装下一个人，那就没法再让另外一个人住下，所以我只能请你离开。重生并不一定是在出生那天，每一天都是新生，睁开双眼面对新的一天，也是一个新的开始。面对自己很难，那是因为你永远都在面对那个过去的自己。如果我们的心门是紧闭的，永远不会有人走进来。这道理简单易懂，却有几人能真正体会呢？

> 人活在世界上，重要的是爱人的能力，而不是被爱，我们不懂得爱人，又如何能被人所爱。

如果爱，请深爱

吉洪和落雪青梅竹马，小时候，他们一起在雨后泥泞的地面上抠过泥巴，一起玩过过家家，在那个还分不清男女的年纪就被自己的妈妈带进澡堂洗过澡，对彼此的熟悉程度可谓是屁股上长了几个痣都是一清二楚。

落雪从小到大就是个好姑娘，学习成绩优异，走到哪里被人夸到哪里；吉洪从小顽皮，踩烂过落雪家菜地里的菜，砸过邻居家的窗户，甚至在学校也是经常逃课，考试常常不及格。但在吉洪的心里，一生中最重要的三个女人就是妈妈、妹妹和落雪。小时候过家家，他就对她说过长大后还要娶她，但他不知道她是否还记得那些曾说过的童真的话。

落雪渐渐出落得亭亭玉立，而且也不断收到来自班级和年级里男孩们送来的情书，后来落雪找吉洪说自己终于收到喜欢的男孩子的情书怎么办？在还不明白爱情是什么东西的年纪，吉洪只觉得似乎五雷轰顶，此时只有一个念头闪现，他还没娶到落雪，她就要被别人给拐走了。一股无比失落的心情从心底油然而生。落雪看他表情不对劲，便问他怎么了？他磕磕巴巴地问她，难道你真的要跟他在一起？落雪害羞不语，吉洪什么都没说，转身就走了。那一刻他觉得八月温柔的暖风都带着凛冽的寒意。他觉得世界上所有的人都消失了，甚至是他自己。

在大家都对初恋跃跃欲试的时候，吉洪仍旧单纯得像个孩子，他还等着落雪长大了再娶她。后来落雪真的跟那个男孩子在一起了，男孩阳光帅气，两个人走在校园里简直就是天造地设的一对，无不让行人投来羡慕的目光，这其中还有吉洪的，他头一次尝到了失恋的滋味。那段时间里他最常干的一件事就是到处惹是生非，看谁不顺眼就是一场PK。他不知道自己这么做是为了什么，为了宣泄愤怒，还是为了引起落雪的注意？

那天他在球场打球，看见不远处走来一对男女，男孩是落雪的男朋友，女孩却不是落雪。他当时就把篮球用力地砸到那个男孩的头上，男孩被砸得一趔趄，抬起头一看是落雪的朋友吉洪，于是就撒开女生的手让她先走。

当吉洪满头是包地从人群里走出来，里面的男孩已经趴在地上不动了。吉洪看到落雪穿着干净的校服，从远处一脸担忧地向他跑来时，他的嘴角露出一丝笑意，他想对她说："我已经帮你收拾好那个混蛋了。"当落雪从他身边跑过去，径直冲进人群那一刻，吉洪的心彻底碎了一地。没过多久,落雪和他的男朋友分手了。

高中毕业后,落雪拿到了大学录取通知书,吉洪却跟自己的舅舅出去做生意,在他的广告公司上班,自己勤学苦练做设计,常常加班到深夜。那时候在他心中最重要的三个女人还是妈妈、妹妹和落雪。

勤奋努力的吉洪不久有了自己的一笔存款。那天他正忙着赶工,接到了落雪的电话,电话里她哭哭啼啼地跟他说,她现在急需要一笔钱,能先借她点吗?吉洪连理由都没问,二话不说直接让落雪把卡号告诉她。外面下着大雨,他连外套都没穿,直接拿着现金往银行里跑。当那一叠叠湿漉漉的钱艰难地在银行柜员手中数过时,他的内心满是欣喜。如果你需要我,无论千山万水,无论荆棘满地,我都愿意冲在最前面,替你遮风挡雨。

后来吉洪去落雪的学校看过她一次,发现她又跟高中那个男孩子好上了。原来两个人考的是同一所学校,时隔几年,三个人居然还坐在同一张桌子上吃饭,这对吉洪来说简直就是莫大的羞辱。不过他还是坚持把那顿饭吃完了,虽然每一口犹如咽石头般艰难。吃完那顿饭,他整个人都不好。离开前,落雪还对他说,吉洪,你的钱我会尽快还给你的。吉洪说,不用了,你照顾好自己。说完转身离去。

落雪毕业后终于跟她的初恋男友分手了,吉洪通过这几年的奋斗终于开了自己的广告公司。开业这天,吉洪红光满面,正要准备放炮,另一桩喜事又来了,落雪电话里告诉他,她要结婚了。这句话刚说完,"轰"的一声,礼炮一个接一个响起,吉洪的心也瞬间被轰得粉碎。

婚礼现场那天,他喝的从来没有那么狼狈过,恨不得钻到桌子底下去。新郎终于不是那个万恶的初恋了,却是一个比她大几岁的生意人。那个时候他想,我这一生还有最重要的女人了吗?他万念俱灰,心如死灰。

后来,吉洪拼命做生意,赚钱,但却不知道该用到哪里。直到那天,他又接到落雪的电话,她说她老公做生意赔钱了,希望能借她点。吉洪问,借多少?50万。吉洪正想开一家新店,计划取消。还是原来的账号,当天晚上落雪就收到了那笔汇款。朋友都问他,值得吗?听说落雪他老公做生意赔了个底朝天,早就没了原来的风光。吉洪皱着眉头,摇摇头,什么都没说。但他心里清楚得很,这钱就是有去无回,但他没办法拒绝落雪的请求,哪怕她说一句话,倾家荡产都给她送去。

落雪的老公终于为了躲债,抛下落雪,卷着最后剩下的一点钱,杳无音信。

那天,吉洪和落雪坐在公园的椅子上,她没有哭哭啼啼,也没有抱怨,只是看着草地上来回奔跑的孩子发出欢快的笑声静静地发呆。她叹了一口气,说道:"从小到大,你一直让着我、宠着我、惯着我,却从来都没有告诉我为什么这么做。高中那年,当我收到了男孩的情书,我一封封撕开,却没有一封是你的。那天我问你,多希望你能当着我的面跟我说,不要跟那个男孩子在一起,但是你没有,你只是转身走掉了。每次都是,转身走掉。你以为我不爱你,是因为你从来都没有认真地问过我。"

吉洪说,还记得小时候玩过家家,我常说的一句话:长大后我要把你娶回家。现在我想正式问你,你愿意嫁给我吗?

有时候爱情往往就差了一句表白,让我明白你的心意。经历了千山万水,跨过了丛林荆棘,我们一直都在彼此身边,从未离开。如果真爱,请深爱。

那段无法复刻的难忘经历只属于你自己，生活教会你怎么更好地活着，经验告诉你如何选择，而不是在今后的路上依旧心有不甘，无所适从。

青春，不妨等等爱情

21岁是最好的年纪，在这个季节，女孩们拥有最美丽的容颜，天空永远都是好看的蓝，每走一步都能感受到脚踩在地面上的坚实感。年华易逝，曾经我们珍惜的感情也可能一去不复返。

那时候的大学生都很穷，能娱乐的节目少，能买的衣服也不多，两个女孩整天泡图书馆和画室，日子充实也快乐。第一次见到橘子，她带着600多度的眼镜，穿着宽大的运动服，一张清秀的面庞，站在门口冲她露出单纯的笑容。人与人之间也许有着一些累世的痕迹，小婉见她第一面就觉得熟悉，橘子在铺床位，小婉主动过去帮助她，住在同一屋檐下，两人很快便熟络起来。

在这个美女如云的艺术院校里，女孩子们高挑漂亮，手挎着精致的皮包，喷着Chanel最新的香水走向校园门外停放的豪华跑车。每次看到这样的画面，橘子的眼里都会冒出羡慕的眼光。但谁都心知肚明，那些浮躁的人终究是学不会珍惜命里最珍贵的东西，她们也许懂，也许不懂。

入学第二年，橘子和相处了三年的男友分手了。男孩在宿舍楼下站了整整一夜，橘子心如磐石，从此之后两人感情彻底走向终结。小婉开始对橘子的行为表示不理解，橘子说累了，三年太久，感情也易变质。小婉觉得那是借口，真正坚实的感情是不会变质的，如果变质了那也是因为有人内心不再坚定。如小婉所料，一个月之后，橘子的手被另外一个男人牵起。此后，橘子衣柜的衣服多了，牌子换了，桌面上逐渐摆起了小婉叫不出名字的香水，橘子早已不常回到宿舍，很多时候都是小婉一个人去画室练习。

小婉希望橘子真实面对自己，更要真实面对自己的感情。橘子说，青春易逝，我希望它能发挥真正的价值。小婉失望地看她，不再言语。青春虽已逝，却是生命中的无价之宝。小婉希望她能懂。

多年之后当橘子穿着裘皮大衣、丝袜短裙站在冰天雪地的冬天里昂首挺胸，大阔步向自己的私家别墅里走去的时候，那个站在门口冲着小婉露出单纯笑容的橘子早就不见了。橘子的家华而不实，虽富丽堂皇，但却冰冷。两个多年未见的姐妹坐在那张豪华的朱红色真皮沙发上，小婉着实觉得不接地气。

这个世界上没有恒久不变的东西，食物会变质，衣服会穿破，机器会用坏，能源会枯竭，感情也易逝。多年未见，小婉不明白橘子为什么会千辛万苦地找到她。橘子的表情和这栋别墅一样看起来冰冷，带着丝丝傲慢和丝丝悲伤。空洞的房间只有两个人，仿佛彼此的呼吸都能听得一清二楚。

橘子点上一根烟，幽幽地抽起来。不久，烟雾就飘得满屋子都是。小婉轻轻咳了两声，橘子便自觉地掐灭了剩下的半截烟。没想到再次见面两人相视无语，不知从何说起。看着橘子消瘦的面颊，小婉有些心疼。

"这几年，你还好吧？"小婉问。

"不是太好。"橘子接着说，"有些事情经历后才懂得其中的道理。"

橘子眼眶一红，小婉知道她心里委屈，早已忍受多年。橘子说自己不久将要搬离这里，她可能会一无所有，可能会流浪街头。那些本该慢慢享受的富贵已被她提前消耗殆尽，人还是淡泊些好，命里有时终须有，命里无时莫强求。年轻时的橘子等不了，青春是她的资本，代价便是教训。那些华而不实的感情，那些雍容的富贵她早就提前享受到了，但享受过后却仍要面临失去。她为此丢了青春，丢了单纯的心，剩下一地的苍老和叹息。

橘子无处可去，朋友落井下石，风光之时围着你笑，落魄之时看着你哭。她的尊严早就丢失了，她抛弃了身边最爱她的人，选择争取她爱的一切。心在漂泊，却不安于当下，总想得到更多，回头发现失去的也更多，那是一种无法衡量的价值。她终于开始慢慢用心中的天平清算这些年的时光。开始清醒，开始庆幸。

小婉帮她拖着一箱简单的行李，在小婉家里的客房帮她整理床铺，就像当年她来宿舍的第一天小婉主动走过去说："我来帮你。"橘子转过头，大颗泪水滴落在地。

小婉家中犹如一个小小画室，有些作品挂在墙上，橘子慢慢欣赏，回忆着21岁那年两个人走在拖及地面的柳叶下，一路欢声笑语地向画室走去。橘子看到当年画给彼此的画像，生涩的手笔，清晰的面庞，她看着当年的自己，那才真实。青春易逝，这一路她错过太多。

小婉家里多余的东西不多，没有华而不实的沙发，没有华丽炫目的吊灯，没有精致的银制器皿，只有一张用翠绿色粗布盖着的二手双人沙发，一个简易的落地台灯。简单温暖，只有这样的气息才能让人的心落在当下。小婉为她烹饪了美味的料理。橘子嘴里品着可口的饭菜，心中的幸福溢于言表。

当自己走到绝望的尽头才发现欲望怎么可能会被填满？当年的心都太年轻，也太浮躁，喜欢追逐那些过眼云烟，就像冬日夜里绚烂的烟花，我们会忍不住驻足，会被那绚丽的色彩迷住，但，烟花终究短暂。小婉告诉她，不管我们选择了什么，做过什么事情，那都是你人生最宝贵的经历，不要为任何选择而后悔难过。那段无法复刻的难忘经历只属于你自己。生活教会你怎么更好的活着，经验告诉你如何选择，而不是在今后的路上依旧心有不甘，无所适从。

人往往容易在不经意间丢失了原来那个自己，被这个炫目的世界扰得眼花缭乱。其实只要我们认真地过好自己的生活，每一天都在朝着自己的梦想努力，幸运之神就会一直陪伴着你。

爱情从来都不是一个人的兵荒马乱，也不是两个人的海誓山盟，不必耳鬓厮磨，亦不必刻意地相敬如宾。你懂我，我也懂你，这样便好。

原来你也在这里

爱情从来都不是一个人的兵荒马乱，也不是两个人的海誓山盟，不必耳鬓厮磨，亦不必刻意地相敬如宾。你懂我，我也懂你，这样便好。

夜晚是一个人的音乐会，大提琴声蜿蜒辗转在空气中，撕开一道裂缝，把人拽入其中。南方的冬天湿冷，温度计的指针始终没有超过10度。安颜用冰凉的手指一页又一页地翻看着《挪威的森林》，每翻动一页都会发出清脆的声响。书中的故事，你看进去了，就是里面的人；你没看进去，那也便只是故事。

不知从何时起，她喜欢上大提琴曲，有的凄婉动人，有的愉悦欢快，但从每一根琴弦里面迸发出的音符都是那么绝美动人。从前看过电视里的演奏会，大提琴硕大笨重，觉得毫无美感可言，可是看过很多王家卫电影的人想必都会爱上合奏曲。安颜独爱大提琴也是源于参加一次乐队的Live，主唱的嗓音灰暗得刺痛心扉，却让人痴迷。尤其后面拉大提琴的英国老头，绅士又认真地沉浸在演奏的世界里，低沉又震撼。从那之后她爱上大提琴。

搬家时，家里的CD被工人不小心压碎了几张，安颜心疼得不得了，但当她看着搬家公司的人一脸汗水，满身尘土的样子，心想也就罢了。搬家是一件很麻烦的事情，不仅是要搬走衣物，还要搬走曾经熟悉的感觉。

新搬的地方属于新城区，人烟稀少，售楼处却不少。安颜坐在车上看着一路的风景，想着自己又要开始了一段新的生活，不免惊慌。曾经的生活一直都是一个人，没有安全感亦容易受伤。所以，她常告诉自己要学会坚强。

原来不曾发觉自己有很多东西，可是搬家时却翻出了很多曾经遗失的旧物，或在角落里，或在某个盒子里，还有的在口袋里，当安颜再次看到那些东西时，满心欢喜。回想那时因为这些东西丢了也难过了好久呢。虽然扔掉一部分东西，可还是剩下很多，没有杂物柜，堆在阳台又难看，于是她又挑挑拣拣扔了一部分。安颜从衣柜底下翻出一条灰白色的裙子，有污点还有些褶皱，她一直舍不得扔。曾经有很多男孩子从她的生命中路过，他们的鲜花早已凋谢，他们的礼品也早已丢失，但惟独这条裙子让她记忆犹新，这是她收到的第一份礼物。

女孩子总是在青涩的年纪有过自己的暗恋。隔壁班打篮球的男孩、带点痞气的不良少年，还有一些理想中的偶像，让女孩们怦然心动。在那个懵懂的年纪，回忆总是美好的。安颜那时还是个不起眼的、乖巧安静、规规矩矩的好孩子。像这样的女孩儿在年级里几乎一抓一大把，而安颜也甘心做一个平凡无奇的女孩儿，安心地度过自己的学生时代。但每个人都有一段属于自己的感情故事，她心中的白马王子既不是高大帅气、迷死人不偿命的校草级人物，也不是风靡内地的偶像明星。他就坐在她的后面，每天喜欢用笔帽戳她的后背，喜欢偷偷地往她的帽子里放揉碎了的纸团的坏男孩吴佳杰。

安颜起初对他的行为是又气又恼，但绝对不会纵容他就这么欺负自己。死皮赖脸的男生往往让女生没办法，忘记带书本，忘记做作业，每次都需要安颜帮忙，甚至是帮他给隔壁班的校花送情书。

第一次敲隔壁班的门，安颜的心中有种奇怪的感觉，说不清道不明。不出所料，校花并没有收那封情书，而是将情书不屑地扔到了旁边的垃圾桶。这早在安颜的意料之中。

在好奇心驱使下，放学后，学生都走光了，安颜鬼鬼祟祟地走到隔壁班的垃圾桶翻了半天终于翻到了那封情书。她撕开信封，里面是用她借给他的信纸写的，还带有淡淡的薰衣草香味。熟悉的味道，熟悉的字迹，潦草，但每一笔都很有力。安颜看着上面的字迹，内心居然有股酸酸的感觉。她想了好久，终于知道原来这就是嫉妒。

一想到这里安颜就担心极了,因为她知道吴佳杰不会喜欢她的,相貌一般,个头一般,学习一般,还没有什么特殊的才艺,除了老实之外,没有任何优点。不过她很快便把这种小心事藏在心底,同时把情书也收好放进自己的书包,骑着自行车快速离开了学校。

后来,吴佳杰又陆续送过几次情书给校花同学,最后也都在放学后被安颜收到书包里。她回去细细地品读字里行间的言语,神经质又带一些自欺欺人。

暑假开学第一天,吴佳杰就跟人打架了。安颜第一个冲出教室,她知道这次不像书本,不像作业,不像情书,她根本就帮不上任何忙,但她还是义无返顾地冲出去了。当她气喘吁吁地跑到校园外面,在一个平时不太起眼的角落围了一群人。

那天他们打得头破血流,由单打独斗变成了群殴。安颜在旁边看着混乱的场面,自己的身体也不由自主地被人群推搡着。最后警笛声响起时,人群四散,她终于看见了吴佳杰,他跑,安颜就一直跟在他身后,仿佛要陪着他一起逃命似的。过了一会儿甩掉了身后一些人,他停下来,塞给她一把沾满血的折叠刀,安颜看到那把刀吓得手一抖差点掉在地上。吴佳杰坚定地说,别跟着我了,把它找个地方扔掉,我不知道还能不能回学校了。他露出一抹惨淡的微笑,转身一瘸一拐地跑着消失在黑夜里,那是她在校园里最后一次见到他。

她一路哆哆嗦嗦地带着那把染血的折叠刀跑到家,冲进厕所里洗了半天,把血迹洗干净后放到了马桶的水箱里。后来听说他因为打架斗殴被拘留,之后被学校开除,又转到其他省去上学,此后再也没有听过他的消息,但他的书桌里却放着一条灰白色的裙子,安颜知道这应该是送给校花的。不过她始终没有送,因为即使送了还是要被扔进垃圾桶。

那天打架的原因众说纷纭,有人说是因为隔壁的校花,有人说是因为他惹到了社会上的流氓,还有的说他只是想帮兄弟摆平事而已。不管什么原因都不重要的,重要的是故事结束了,虽有未知的结果,却都留给了想象。

安颜再次回忆起那段青葱往事,细心洗好那条裙子,放在阳光底下晒干,再放到衣柜的最底层。她想,安放回忆的最好位置就是心里的最底层。每个人心底都有一个故事,他们并不一定都会讲给你听,但他们时常会讲给自己听。

这是安颜的新家,也是新婚之家,太太温柔贤良,先生是个杰出的成功人士,虽然也曾有过不太光彩的少年时光……

17岁那年,当他刚从球场回来,站在走廊的尽头,满头汗水,看见一个女孩儿,身上穿着干干净净的校服,躬下身子在脏兮兮的垃圾箱里翻一封别人不要的情书时,他就想,一个人的感情能有多重，爱你的人你就是她的全世界；不爱你的人，你把全世界给她，她都会打包还给你。从那之后，他所有写给校花的情书其实都是他默默写给安颜的，甚至是那条自己一直没有勇气送出去的裙子。爱情就是这样，当你开始真正喜欢一个人，你会觉得连开口都那么难。他想他要在最好的时候把她娶回家。

多年后的那天，当吴佳杰和安颜站在婚姻的殿堂，手里的鲜花还是那么娇艳欲滴，相遇却早已不是偶然。当我们转了好几个圈最后回到原点那一天，发现所有的人都没有变，还在那个位置，那个地方，只是我们的经历更多了，感觉一直在变罢了。但庆幸的是我们拥有的还是最初那颗本心，我懂你，你也懂我，这样便好。

> 在人山人海当中寻寻觅觅，只为找到那个合适的另一半。我们可以等待，让自己变得美好起来。相信终有一天，TA会穿过人群走向你。

爱要经得起平淡的流年

花开花落终有时，岁岁年年。人来人往终有散，累世累劫。经历过这么多年的风风雨雨，仁泽和凌薇抵住了平淡的流年，也经受住了大风大浪，感情依旧，彼此还在。这对很多人来说都是难得的，生命中最美丽的事情就是在平淡中品味生活的精彩。

那种天崩地裂、海誓山盟、催人泪下的感情故事对他们来说，实在是太遥远。在适婚的年龄，两个人相遇相见，相知相惜，走进婚姻的殿堂，虽然路上也有着这样和那样的磕磕绊绊，但两个人还是始终如一地走过来了，毫不犹豫地为彼此带上了情定一生的钻戒。

在与任泽还未相识之前，凌薇可谓是个对爱情绝不妥协的姑娘，80后，个高，漂亮，家境好。好友莉莉常调侃她，你的相亲对象绝对可以重新翻拍一期《非诚勿扰》。就算是真爱难寻，对方也个个算是有为青年，但结果都以失败告终。莉莉则不同，从开始相亲到现在，她早就把婚姻大事办好了，孩子也快生第二个了。

凌薇不急，可急坏了她的父母。父母整天跟催债一样，电话打过去一定是问她有没有男朋友呢？上一个男朋友为什么分手了啊？其实我觉得也挺好的，要不你再考虑考虑……我托你张阿姨又帮你介绍了一个，这个条件好，长得也帅，家庭环境也不错，要不你去看看……老妈几乎每次都是这些话。所以每次接到电话，凌薇就把模式切换成免提，放到一边，该干嘛干嘛，等老妈说完了，再回头跟她扯别的话题。

感情的事真不能勉强，她的原则是宁缺毋滥，不能为了结婚而结婚，否则就会因为结婚而离婚。比如他们家邻居八叔家的女儿就是个例子，母亲千挑万选给找了个男朋友，两个人见了面觉得还凑合吧，便想，那就结婚吧，年龄也不小了，再拖下去就拖到二婚的年龄了。于是两人相处几日，擦出了一丝丝火花。没过几个月就去民政局领了证，订了酒店，发了请帖，召集一群亲戚朋友，车子、鞭炮、仪式，一气呵成，好不热闹。相处久了，对方的毛病就渐渐凸显出来，她看他不顺眼了，他看她也没刚开始那么好看了，而且还发现家里婆婆也经常会插上两脚，于是两天一小吵，三天一大吵，趁着还没有孩子，赶紧离婚吧。天涯何处无芳草，真爱到底哪里找？只要恒心在，不怕找不到。每次凌薇说起这件事,妈妈就不再说话了。有时妈妈也会愤愤地说,你这孩子就是不听话,我不管你了,然后"啪"的一声挂断了电话。凌薇无奈地叹了口气,老太太有时候也任性,拿她没办法。

有些缘分就是天注定的,想逃也逃不掉。街角有一家咖啡店,凌薇和莉莉常来这里,这家店的老板是任泽的朋友,这几天员工的离职率暴增,都回家过年去了,所以老板没办法,只能把好哥们儿拉来先应付几天。莉莉每次遇到问题,都会和凌薇来这里坐坐。前几天她和老公吵架了,两个人闹冷战,谁也放不下架子,于是就这么拗了好几天。别看凌薇还没结婚,但也差不多是个小小的爱情专家,往往能很快地帮助莉莉解决她近期遇到的问题。那天她正口若悬河,滔滔不绝,用她的凌式心理疗法帮莉莉排忧解难时,任泽就端着咖啡走过来。

由于业务不太熟练,一杯柠檬汁一半都洒在了她的身上。凌薇正要发怒,一抬头觉得这人面相熟悉,但只觉熟悉却一时想不起来是谁。任泽一看自己闯祸了,但一看这人也熟悉,就假装说:"哎呀,好久不见,你最近怎么样?"凌薇一想,果然是自己认识的人,都跟自己打招呼了,可自己想不起对方的名字了怎么办,于是也假惺惺地招呼对方坐下。没想到就这么一坐,两个人的第二次相遇便擦出了火花,彼此留了电话号码。拨过去一看居然还显示出了对方的名字。两人相视而笑,但也各自心怀鬼胎,看着电话里的名字并未言语。

等凌薇和莉莉走出咖啡店门口，莉莉说，你看你们俩多有缘分，没想到时隔两年又见面了。凌薇纳闷地问，你怎么知道？莉莉说，这不是你曾经的相亲对象吗？

凌薇回忆起了几年前，她一边小口喝着咖啡，一边打量着眼前的任泽，心里暗自评判："太花哨，谁知道他是不是为了应付应付父母而已。"而任泽看着对面的女孩儿心里想着："老妈这是要干什么，前几天刚介绍完一个，又来，这速度未免也忒快了点。"于是，整个见面过程，两个人有一搭没一搭地说了几句话，要了电话，但却从未打过。凌薇当时放不下姿态，任泽却没有在这个过程中努力。所以两个人便擦肩而过，成了生命中的过客。

爱情有时候来得太快。还是在初次相遇那家咖啡店，任泽向凌薇求婚。在音乐声中，男花童和女花童纷纷从角落里出来，一个手捧着戒指，一个手捧着一双白色的高跟鞋，在凌薇还不明所以的情况下，就被人团团围住了。当天到场的顾客也很配合，一人一支玫瑰花纷纷送到凌薇手中。任泽站在人群的中央对凌薇说："感谢上天让我在正确的地点、正确的时间遇到了正确的你，所以我很珍惜自己没有错过这次相遇。我想做那个懂你的人，在你身边为你遮风挡雨；我想做一个懂你的人，在平淡的流年里走过漫漫长河……"

爱情要能够经得起大风大浪，也要经得起平淡的流年。凌薇和任泽就这样一路走来，在平淡中品味生活的原汁原味。他们有过吵闹，有过磕碰，也有过矛盾，但每次大家都能理智地坐下来，去沟通是哪里出了问题。如果找到了问题的原因，一定要诚恳地跟对方道歉，这是对彼此的尊重。人往往把好脾气留给外人，坏脾气留给自己最亲近的人。所以距离没了，美也没了，尊重最亲密的人同样重要。两人正因为深知此点，所以才能在婚姻的路上携手同行。

我们不可能每天都面对鲜花和甜言蜜语，也不可能让你的另外一半对你无节制的忍让，两人相处最重要的是信任和理解。

在人山人海当中寻寻觅觅，只为找到那个合适的另一半。我们不是为了别人而活，所以不能为了顺从任何人的心意而让自己委曲求全。我们可以等待，让自己变得美好起来。相信终有一天，TA会穿过人群走向你。

人有时就会舍不得放手，不管是抓着金钱还是抓着感情，他们忽略了人往往抓得越紧，宝贵的东西越容易从指缝间流失。

我想要你多爱我一些

记得元旦那天悦儿独自一人在北京地质礼堂看开心麻花剧团的最新话剧《须摩提世界》。整场话剧都是在欢声笑语中度过的，演员的表演技术精湛，舞台的灯光和设计花样多变，色彩感强烈，情节逗趣搞笑，恶搞《白蛇传》那段几乎high翻了全场。开心麻花经典的几部话剧几乎都能让人整场保持脸部抽筋的状态。

如果他们的话剧只是为了逗趣，我想他们的演出可能永远只在北京那几家剧院。正是因为每部剧都有它们的含义，所以让他们的演出变得不同，不仅能带来欢笑，还能引人思考。

须摩提是梵文，佛教语，中国人译为西方极乐世界。整个故事是说一个国际民工、一个富二代游戏专家和一个绝不付工资的女老板，在一场空难中坠入一个叫须摩提的小岛。秀美彪悍的须摩提岛部落酋长女儿把他们误当野兽抓回部落，于是在小岛上的冒险从部落里开始。为了族长之争,为了小岛上的宝藏,这些天外来客逐渐迷失了自己,被贪婪的欲望所蒙蔽。然而所有的喜剧故事都要有一个完美的结局,最后一刻人们迷途知返,让小岛恢复了昔日的平静和单纯。

贪婪就像一种迷幻药,人在其中往往看不到它的害处,只会越发沉迷,不知所以。

悦儿想这个世界真的有那样一个小岛吗?住着一群无忧无虑的人,没有权力之争,视金钱犹如粪土,每个人都能找到属于自己的灵魂伴侣……

和罗池在一起那天也是坐在同样的剧院,看开心麻花的《乌龙山伯爵》,两个人笑到岔气,那是悦儿有生以来笑得最多的一天。

9月的凉秋,两个人牵手走在北京的长安街上。即使是夜里十一点,长安街依旧人来人往,悦儿性格外冷内热,罗池则是一个标准的大暖男。人与人相遇时,总会碰到自己人格缺失的那一部分,两个人的性格截然相反,却很容易走到了一起。现在回想起来,和罗池在一起的那段日子,是她最开心的时光。然而走过那么多岁月,他还是离开了。

悦儿不明白他为什么抛下她一个人去了利物浦,那段时间她暴瘦到80斤,店里的生意她也不管不问,在这种痛苦和虚无中消耗自己的生命。

曾看过一个故事：一个年轻人在生活中遇到了困境，她去寺院里找禅师寻求解决痛苦的办法。禅师说如果你手里握着一个杯子，有人往里面倒滚烫的开水，当杯子已经满了，还有人再继续往里面倒水的时候，你会怎么办？

人有时就会舍不得放手，不管是抓着金钱还是抓着感情，他们忽略了人往往抓得越紧，宝贵的东西越容易从指缝间流失。

她的内心对罗池是一种由爱到恨，由恨到怨，由怨到念的状态。所有人对你的好都不应该是理所当然，其实在那场感情中，悦儿心知肚明，自己并未付出什么，反而是索取得更多。然而失恋后，自己紧紧握着那个滚烫的杯子不肯撒手时，其实就是在折磨着自己。

回忆过去，罗池的感情是包容和呵护，然而当悦儿失去这段感情后，才发现自己不断地索取就是对感情的贪婪，甚至认为这一切都是理所当然的拥有，却从未想过这一切都是别人的给予，所以并没有所谓的失去。只是人们习惯了，才会认为所有的得到都是理所当然。

当悦儿想明白这一切时，才懂得那个紧紧抓着，让自己痛苦，困在原地无法解脱的根源就是自己内心的贪婪。

当你爱一个人的时候，是自己的内心真的爱他吗？有时只不过是你习惯了向他索取。当那个索取的对象消失了，自己便觉得很受伤害或者很难过，那是因为自己的内心已经无法得到满足。

这也就是为什么爱得越深，痛苦也就越深。甚至在你爱一个人的时候，那种爱的感觉也是一种心灵上的索取，人因为无法停止向外界的索取，所以很容易迷失，失去又往往会带来痛苦。

人类都有贪婪的特性，不管是在哪一个创世预言故事里，人们都因为贪婪让自己堕落。如果每个人在做事之前都能理智地思考就不会被贪婪的心所控制。

还记得曾经看过一个渔夫的故事：

在大海的附近有一个小渔村，其中一个渔夫刚开始学会捕鱼时，为了省事，就做了一张桌子大小的渔网，几天下来，渔夫几乎一无所获。当他垂头丧气地回到家，遇到了邻居，邻居说："你织的网太小，要大一些才能捕到鱼。"渔夫听说后，回到家中开始日日夜夜地织网，等终于把网织得跟邻居家的一样大了，才出海捕鱼。一天下来，渔夫收获了很多的鱼，他哼着小曲心满意足地回家了。

因为这张大网，渔夫捕获了很多鱼。有一天，他想，既然网织得越大捕获的鱼就越多，那么只要我把网织得更大，就能捕获更多的鱼了。渔夫不再出海，接连几天都在家里织网。这一次，渔网要比以前那个大上好几倍，渔夫兴高采烈地带着他的巨网出去捕鱼了。

费了好大的力气，渔夫终于把网撒了出去。他心想，这一网肯定能收获很多的鱼，这样自己就比其他的渔夫赚得多了。渔夫一边撒网，一边做着发财的白日梦。

准备收网的时刻，渔夫觉得好沉，怎么拉都拉不上来，自己拼尽了力气还是没有抵得过里面成群结队的鱼儿，它们正努力向着大海的方向游去，而渔夫的船也因此被拉翻。当渔夫坠入海底那一刻，才发现，原来是因为贪心害了自己。想得到更多的东西，反而被欲望拉进了无底深渊。

佛家把"贪"列为三毒之一。壁画中，"贪"用鸽子来代表，是人对喜好的一种执着，人无论是在感情上还是在物质上都会存在着贪婪的心理，这种贪婪就像迷幻剂，时常让人无法自控，想得到的东西越多就越容易陷入痛苦和失落之中。因为人往往容易在这个过程之中迷失自己，迷失了本性，被欲望牵着鼻子走，所以对名利还是淡泊一些好。世事无常，物质世界不是恒久不变的，所以无论做什么事情都要理智地去选择。

爱情和婚姻一样,有时候是没什么道理可讲,适当地撒撒娇、耍耍赖,死皮赖脸一点是很有必要的。当然,这其中的火候就要靠你自己去掌握了。

爱情,有时候是需要一点死皮赖脸的

邱阳和莫菲是昔日大学同学里最幸福的一对儿。每一次大学同学聚会时,他们都是其他同学羡慕嫉妒恨的对象。时至今日,许多当年未能"得逞"的男同学在聚会时难免还是会调侃莫菲这朵鲜花被邱阳糟蹋了。不过,玩笑归玩笑,对于他们那一届校园恋情仅存的硕果,同学们对他俩还是充满祝福的。

不要看邱阳现在的生活很美满,可是在追求和经营这份感情的过程中,却是历经了诸多坎坷和磨难的。他们之间的故事完全可以套用周星驰在《大话西游》里的一句经典台词——这时候只能用"曲折离奇"和"峰回路转"来形容了。

莫菲当年是外文系的系花,漂亮又有才气,追求她的男生可以排满整个外文系的走廊,学生会干部、校篮球队明星、艺术系才子……可以说,个个品貌俱佳(长得难看、才学不高基本不敢靠前，因为会"必死无疑"）。跟他们比起来，邱阳的条件实在很一般：相貌一般，虽还算不上太丑，但基本也是搁人堆里就找不见的那种；才学一般，他既不是班里的干部，也不是某个社团的社长，标准的外文系普通同学一名；家境一般，当腰包鼓鼓的男生们为了博得莫菲一笑而阔气出手的时候，他只能看着自己饭盒里的白菜土豆叹气……

表面上看，邱阳跟那些有才又有财的男生比起来根本不在一个档次，可是结果却让所有人大跌眼镜：就是这个表面看起来很一般的邱阳，最终把莫菲追到了手，而且娶回了家。那么，他到底是怎么做到的呢？

邱阳心知肚明，拼外在条件，自己基本没戏，所以他决定另辟蹊径，出奇制胜。首先，他没有像其他男生那样，有事儿没事儿就向莫菲大献殷勤，而是给莫菲写了一封情书。邱阳知道，这招虽老，但只要坚持下去，也并非毫无胜算。于是，邱阳就这样一天一封，连送了七天，可是莫菲那边却毫无回复。邱阳心想："这是在考验我啊，我可得坚持住。"

每一次送情书的时候，邱阳都是当着全体同学的面，大大方方地给，而每一次也必将引来一阵嘲笑，许多同学都觉得他这是"癞蛤蟆想吃天鹅肉"，可是他权当没听到，第二天照送不误。

终于，在坚持了整整一个月、送出了三十封情书之后，莫菲那边终于有回话了——委婉的拒绝。看来，邱阳的这一招没管用。

同宿舍的几个兄弟听到这个消息,个个都为邱阳鸣不平,开始谴责莫菲。这个说:"不同意干吗不早说,这不是在整人吗?"那个说:"就是啊,这帮女人的心咋都这么狠?"还有人说:"为了她,你这脸都快丢尽了,她咋一点也没被感动呢?"……兄弟几个七嘴八舌地说着,可邱阳却显得很平静:"这你们就不懂了,这是女生惯用的方法,她这是在考验我的耐心呢!她不同意,可能是因为我写的情书不感人,看来我得另外想办法了。"听了邱阳的话,兄弟几个面面相觑,然后开始无奈地摇头——走火入魔了。

就这样,邱阳放弃了情书攻略,开始了吉它攻略。其实,邱阳的吉它水平只能算初级,但除此之外他暂时也拿不出什么更像样的技能了。学校每天的晚饭和晚自习之间有一段休息时间,这时候,学生们大多聚集在宿舍里。邱阳就抓住了这个时机,开始每天抱着吉它来到莫菲宿舍楼下又弹又唱。他的歌唱得跟吉它弹得一样不怎么样,但他贵在胆子大,不怕丢脸。校监老师发现这个情况后,对他进行了口头警告,可是邱阳依然如故,因此被提出了一次正式的书面警告。或许是因为被邱阳感动了,也或许是因为不想看到他因此再受到更大的惩罚,在邱阳被学校正式书面警告后的第二天,莫菲终于答应跟他交往,但条件是:只试着交往一个月,如果不合适,要和平分手。

虽然条件有些苛刻,但邱阳还是非常兴奋,星星之火,可以燎原，只要有百分之一的希望，他就尽百分之百的努力。就在莫菲答应交往的那一天，邱阳跑到学校广播室，央求了半天，最终把广播室的负责人说动了。那一天晚饭的时候，广播里传出了邱阳的声音："莫菲，谢谢你，我一定会全心全意待你！"厚脸皮的功力可见一斑啊。

不过，如果你认为故事到这里就是结局，那就错了，其实他们的故事才刚刚开始。

莫菲的名花有主，击退了之前的大批追求者，但有一个人却跟邱阳一样很有韧性，他始终未曾放弃。他叫周飞，是邱阳和莫菲同系的学长，人长得帅，球打得好，家境十分优越。当初追莫菲的时候，周飞经常给她买礼物，请她吃西餐，不过莫菲却看不惯他的"公子哥"作派，所以没同意跟他交往。当莫菲开始与邱阳交往后，周飞仍然不死心，还是经常给莫菲送礼物，每次都出手不凡，莫菲每次都会退回去，可他却依然我行我素。邱阳私下找周飞谈判，可周飞却一副很有理的样子：男未婚，女未嫁，任何人都有追求幸福的权利。邱阳心里很窝火，不过也因此有些自卑。自己的条件摆在那儿，确实没法跟周飞比：出去玩时，他多半只能带莫菲去免费的公园；吃饭时，只能下个小馆子；送礼物时，也大多是很便宜的小物件。虽然莫菲并不看重这些，但他还是觉得亏欠了她。

周飞看出了邱阳的犹豫，于是便"晓之以理"地对他说：

"凭你的条件,毕业后多半得回老家当一个打工族,你有什么本事给她安定幸福的生活?"

邱阳也很苦恼,但他并没有因此产生分手的想法,因为他相信自己终有一天会让莫菲过上幸福的生活。想通这件事之后,他把心里的想法告诉了莫菲,莫菲听了这些话,开心地笑了。莫菲的理解和支持给了他莫大的勇气,他随即找到了周飞,把自己的想法说了出来。最后他还说:"我和莫菲已经商量过了,为了防止你难堪,如果你以后继续送礼物,她不会再拒绝,就把这当做是对她的一种肯定和赞赏,我们会非常感谢你。"结果,周飞完败,退出竞争。

大学毕业后,困难又摆在了眼前。莫菲是本地人,父母早就为她找好了工作。邱阳的家里也早就为他安排了一份公务员的工作,可是如果回去就意味着要跟莫菲分开,所以,邱阳不顾家里人的反对毅然决定留下来。

找工作,打拼,三年的时间一晃而过,其中的艰辛只有邱阳自己知道。然后他用自己这三年的积蓄,加上父母的资助,首付了一套一居室的房子。这期间,和莫菲的感情一直是他的支柱,也是他奋斗的动力。莫菲的父母其实一直对邱阳不太满意,可女儿同意,他们也没办法。看到邱阳这几年一直很努力,他们也渐渐打开了心结。房子有了,结婚的事自然提上了日程。可是,就在婚礼即将举行的前一个月,发生了一件事,这件事一下子让邱阳从云端跌落到地面。

原来,莫菲的初恋男友魏阳从国外回来了。魏阳和莫菲是高中时的恋人,两人感情很好,并约好报考同一所大学,可是高三下学期时,魏阳在父母的安排下去美国上大学了。从此,二人断了联系。如今,魏阳是美国一家生物工程公司驻华办事处负责人,他之所以选择回国也是为了能和莫菲再续前缘。初恋男友的出现,让莫菲一直坚定的心有了一丝动摇。而莫菲父母心中的天秤更是一下子倒向了魏阳那边。

面对劲敌,邱阳自然不会乖乖就范,他没有给莫菲压力,而是主动把婚期推迟了一段时间。在这期间,他一如既往,就像什么事情也没发生一样。最后,莫菲还是选择了邱阳,他们的婚礼在原定日期的一个月之后顺利举行。

回顾这一路,邱阳确实走得挺辛苦,不过,最终抱得了美人归,再苦也值得了。当然,生活不是童话故事,不可能结束在"从此,王子和公主过上了幸福的生活"这一句话上面。结婚后,邱阳和莫菲也像平常夫妻一样,每天柴米油盐酱醋茶,有甜蜜幸福,也有吵架斗嘴。每次莫菲生气的时候,邱阳都会想尽办法去哄她,直到她笑出来为止。

如今,他们的女儿已经上小学了,一家三口的日子过得有滋有味儿。

2012年春天,台湾的一部偶像剧《我可能不会爱你》一时间风靡了大江南北,俘获了许多男女的心。故事的男女主角李大仁和程又青是高中同学,李大仁一直默默喜欢程又青,可是却始终没有说出口,而且嘴上还说:"我可能不会爱你。"毕业之后大家各奔东西,十几年一晃而过,在这期间,程又青虽然交往了几个男朋友,可是却一直没找到最终的依靠。而李大仁虽然一直对她情有独钟,但还是一直没有言明,而是以"最好的朋友"这个身份默默守在她身边。他们之间无话不谈,而且永远有说不完的话题。

转眼已过而立之年,李大仁终于鼓起勇气,决定向程又青表白,可是就在这时候,程又青的前男友丁立威出现了。五年前,他们爱得很深,丁立威的离开让程又青受到很大的伤害,花了好长时间才走出这段情伤。面对他的突然归来,程又青有些不知所措,面对他复合的请求,程又青虽然表面上坚决不同意,可心里还是有那么一点点惊喜的。

丁立威当然看出了程又青的动摇,于是他使出浑身解数,开始对她死缠烂打:送花、送礼物、接送上下班,温柔体贴、呵护备至……程又青动摇了,就像她说的:三十岁的单身女人,哪一个不需要被拥抱、被呵护呢?于是,她重新回到了他的怀抱。

李大仁在一旁只有黯然神伤,他的失败,就是因为缺少那么一点点的死皮赖脸。他总是迟一步,而每迟一步就会推着程又青向丁立威身边靠近一步。所以,爱情,有时候真的是需要一点死皮赖脸的，要不然，怦然也会变成枉然。

其实，像李大仁这样面对爱情不会死皮赖脸的人，主要是心理原因在作怪，他们不敢太投入，害怕被拒绝之后，跟心爱的人连朋友也做不成，也害怕被拒绝后自己会受到伤害。可是，如果不全身心投入地去爱，怎么可能获得回应，又怎么能让自己不会后悔？

其实，无论面对的是爱情还是婚姻，两个人在一起，总会有矛盾，总会有争吵，如果没有一方死皮赖脸地争取，感情又该怎么维持下去呢？要知道，爱情和婚姻一样，有时候是没什么道理可讲，适当地撒撒娇、耍耍赖，死皮赖脸一点是很有必要的。当然，这其中的火候就要靠你自己去掌握了。

也许爱情与幸福无关，也许这一生最终的幸福与心底最深处的那个人无关，也许将来的某一天，我们会牵住一个人的手，用尽一生细水长流地把风景看透。所以，不如，相忘于江湖，成全未来的自己。

不如，相忘于江湖

卧室墙上贴满了Nirvana和The Beatles当年红极一时的旧海报。那时的伍德斯托克是有灵魂的，披头士刚刚兴起，柯本还未出生……

旧杂志堆得满地都是，李沐怀旧，所有的东西用破了也舍不得扔，当初小文常说她的习性跟自己的祖母相像，喜欢收集瓶瓶罐罐，喜欢藏书，喜欢自己制作东西。

一次，李沐和朋友逛宜家，在餐厅吃饭时，李沐特别中意朋友喝的那瓶果汁，直到朋友喝完最后一口，李沐笑嘻嘻地对他说，能不能把瓶子给我。李沐家的花瓶几乎都是废弃的酒瓶、喝过的果汁瓶。买来颜色各异的油漆，刷在瓶子上，放在阳台等它们干透，色彩各异的花瓶就可以插花了。李沐常去公园或者小区附近的花坛里捡一些被人丢弃的花枝和花朵,有时也会摘些形状各异的绿色植物插在里面。

世界在变,人也再变,李沐说自己追不上这个极速更新换代的年代,所以她只能选择继续留下旧的东西,就像在她的内心深处还保存的那份对生活单纯的热爱、对父母孩子般的依赖和对小文的怀念。

四年前,回想离开家乡那天,小文费力地把行李放到行李架上那一刻,他都不知道这一次,是真的离别。李沐来到北京,换了号码,断了和身边所有朋友的联系,每一个不眠的夜晚,她以为自己终于可以开始一段新的生活,没想到另一段更加艰难的旅程才刚刚开始。

她和小文说好毕业后要去同一座城市,李沐食言,她扔下小文一个人去了上海,后来又辗转来到了北京。那时的她,厌倦了那些虚华不实的爱情。

深夜口渴难耐,李沐起身打开手机,里面二十多个不同号码的未接来电,短信只有一条:很想你。分手始终无法说出口,李沐不接电话,再次换掉号码,从此几乎很少有人知道李沐的联系方式。李沐用了四年时间学会怎么一个人生活,怎么照顾好自己,却没有学会安定下来。

越是喧闹的城市,人们越是孤独不已。李沐朋友不多,三两好友也难得相聚一次,多数时候自己一个人生活。很多人都是这样，即使身边朋友再多，能温暖心灵的几乎寥寥无几。所以她也特别珍惜那些始终都愿意在她最艰难的时刻出现在身边替她分担痛苦的人。

那时7月，街道两旁开满了丁香花，到处弥漫着香气，少年不知愁滋味。每当李沐看见孩子们欢快地玩耍，回顾往事，她也曾不解地看着大人们投来羡慕的目光。越长大烦恼越多，儿时一个5毛钱的冰棍都能让孩子们吃的心满意足，纸片做的玩具都能让孩子们乐不可支。但现在却很难找到那种满足感。

日子平静如水，曾经你心中认为那个无论我们走到哪里都不会断了联系的人，如今一年早已不见一句慰问。时间能看出一个人的真情到底有多深。

大鹏：小文已经找了新的女朋友，你的赌局输了，他当年说过，如果我们不说分手，就永远还在一起，他食言了。

李沐：四年了，足矣。

大鹏：哈哈，有那时间够找好几个了，是不是？

李沐：听说前几天仙台地震，可好？

大鹏：当然，岛国的自然灾害都是纸老虎。

李沐：蕊儿结婚了……

大鹏：……

聊天没有了下文。大鹏是李沐闺蜜蕊儿的初恋，毕业那年，大鹏毅然决然地离开了祖国，去日本留学，还说让蕊儿等他。结果傻姑娘苦苦等候，小伙子却在一年不到的时间里通过电话告诉她，分手吧，他忍受不了这种分隔两地的煎熬。李沐清晰地记得那个文静乐观的姑娘第一次开口说脏话，她大喊一声："大鹏，你这个王八蛋。"紧接着便泪如雨下。

可大鹏一直没有忘记这个傻姑娘，直到现在他都没有回国，他说其实早在出国那一天，他就知道他们以后肯定走不到一起了，但是他还是想留住这段感情，哪怕相隔万里，他知道有个人在等他。但他是自私的，蕊儿说过了，一定要在国内陪着父母，她不会陪他出国，但会等他。所有的人都是这样错过，因为倔强。

大鹏常说自己和李沐就是两个混蛋，都在四年前，抛弃了对自己来说最重要的人，我们都是懦夫，不敢承担。说不想念那是假的。她与大鹏的聊天前几年大多都是关于小文和蕊儿的，虽然这两个人根本互不相干。

蕊儿现在的男朋友三十好几，性格跟大鹏特别像，也是喜欢插科打诨，玩玩闹闹。李沐是这样跟大鹏说的，她想每次大鹏听到这些话应该都会痛不欲生吧。但大鹏还是会忍不住问李沐，她有没有从失恋的伤痛中走出来，有没有找到一份好的工作，有没有结婚……

大鹏：李沐，要不我回国去参加蕊儿的婚礼吧。

李沐：算了，她不缺你那份礼金。

大鹏：我不送礼金，我想送鞭炮。

李沐：……

大鹏整整半年没再跟李沐说过话，直到他知道小文找到女朋友了才终于找到可以扎到李沐的事，两个人的沟通永远都像是在报复和伤害，一个替小文，一个替蕊儿。

大鹏：我们和解吧，不要再说那些过去了，陈芝麻烂谷子的事翻来覆去都快磨成灰儿了。

李沐：谁都没逼你，每次都是你主动问的。

大鹏：以后我们都忘了吧，好好生活。

是要好好生活啊，李沐是这样想的，何必用那些过去的事情折磨自己，何必再去执着那些已经从你的生活中消失的人们。人总是会为那些逝去的东西而惦念不已，但他们终究不会再来。我们没办法不去回忆，但不要因为时时回忆而浪费了现在的光阴。

大鹏从日本回来还没见到李沐就在出租车上把钱包丢了，里面的身份证、机票和刚兑换的人民币不知去向。李沐说祖国人民不欢迎你，还是回岛国去吧。大鹏拖着箱子说，就当救济祖国穷苦的老百姓了。大鹏变了,国内的果汁在他眼里都不能喝了,他说看着脏;地上的街道也不能踩了,看着也脏。李沐看他穿着一身国际名牌身无分文拖着行李箱跟李沐坐地铁的那一刻,又忍不住说了一句,祖国人民还没准备好欢迎你回来,你还是赶紧回岛国去吧。

在去参加蕊儿婚礼的飞机上,李沐看着地面上蚂蚁般的人群,巴掌大小的楼宇,再想到浩瀚的宇宙,感叹人类是何等渺小。大鹏最终还是没有踏上和李沐的同一架班机,他在机场等到凌晨3点多,坐上回仙台的飞机。大鹏说,有些人还是放在记忆里最好,因为即使见了面,人也不再属于自己。

《庄子·大宗师》里说,泉涸,鱼相与处于陆,相呴以湿,相濡以沫,不如相忘于江湖。感情就是这样,曾经生生纠缠,却让彼此陷入痛苦,清醒过后,我们要明白有时候放手也是爱,如果放手能给对方快乐与幸福。

爱着的时候,喜欢把缱绻一时当做被爱了一世,当终于明白"执子之手,与子偕老"只不过是一个人的恣意妄行,那么天长地久更是一件可遇不可求的事情。也许爱情与幸福无关,也许这一生最终的幸福与心底最深处的那个人无关,也许将来的某一天,我们会牵住一个人的手,用尽一生细水长流地把风景看透。所以,不如,相忘于江湖,成全未来的自己。

PART 3

慢慢来，体味身边的微幸福

幸福从来都不会那么遥远，也不是什么追不到寻不着的东西。幸福就在我们的身边，只是我们走得太匆匆，忽略了身边的美好，疏漏了那些真正朴实无华的幸福。幸福不是圭臬，让人去顶礼膜拜。就好像曾经有人说的那样："幸福不在于你能左右多少，而在于有多少在你左右。幸福不远，就在左右。"行走在人生的道路上，只要用心体会，幸福就与我们朝夕相伴。

世界上不缺乏美，而是缺乏发现美的眼睛。幸福也是一样，人在生活中并不缺乏幸福，只是缺乏发现和感受幸福的能力。

幸福从来都在不经意间

幸福是什么，幸福不会将这两个字贴到你的面前。幸福就在一个不经意之间，只要你可以稍稍用心去体会。

小昭生病了，医生说是急性阑尾炎。当然还伴随着自己近日来的感冒，再加上自己劳累过度。真是大病小病齐上阵，一个也不落下。于是乎，小昭就这么住进了满是呛人的消毒水味，到处都是白色的直晃眼睛的医院。

记得小时候，小昭就十分抵触吃药打针。一有个发烧感冒的，就喜欢自己这么硬扛着。不为别的，就是害怕。印象最深刻的是第一次打针吃药的时候，一进到医院，就有一种前所未有的恐惧。灵敏的鼻子不知怎么就嗅到了危险的气息，突然又看到一个家伙满脸眼泪哭哭啼啼地被人家从一间屋子里抱了出来，这下就更加让她坚定了这地方是不安全的。

小昭当时就有了想要逃跑的冲动，可是就算拼尽了全身的力气也没能从老妈强悍的手臂里逃脱。世界末日就要到了吗？不然为啥感觉这么恐怖呢。后来，小昭终于知道这个所谓的末日是什么了。看哪，那个穿着白色衣服的人。她的手里拿着一个针管，正向自己走来。再也记不清那是一种什么恐慌的感受了，只记得自己的反抗被无视，疼痛席卷着一阵撕天裂肺的哭喊声充斥了整个屋子。后来，这次刻骨铭心的经历，就让小昭在潜意识里对医院有着莫名的抵制心理。

老妈听说了小昭生病的消息，赶紧从另一个城市赶来。住院期间，还真是没少听她老人家唠叨。"都这么大人了，怎么就这么不会照顾自己呢。""我电话里都是怎么说的，不要把自己整得那么累，一切顺其自然嘛。""不用撅着个嘴，生病了可不就得看医生吗，不看病怎么能好啊。""哎哎，都喝光了。可别剩了，我可是熬了3个多小时呢……"每天，老妈都细致入微地照顾着小昭，也不厌其烦地叨叨着，却让一向暴脾气的她偃旗息鼓，没了言语。

自从大学毕业以后，小昭就开始了自己十分励志的职场生涯。她是一个典型的女汉子，整天风风火火地赶着公交车，和众多苦情同胞挤在一处，连啃个干面包的空间都没有，等她好不容易熬到了下车，才发现面包已经瘪成一张纸了。

这两年，小昭可是没少吃泡面。几乎所有牌子、所有口味的泡面都被她尝遍了。洗衣服什么的不是交给洗衣房打理，就是自己的十分简单的蜻蜓点水式洗法。整天忙忙碌碌的，自己的脚步也从以前的悠闲逛街式变成了拼命逃窜式。本来挺亮堂的出租屋里，已经凌乱成自己标榜的"狗窝家居"。公司里，她也领教过了各门各派的代表人物。那牙尖嘴利的高手们都让初出茅庐的小昭手忙脚乱。不过还好，这孩子懂得剑走偏锋，虽说不上左右逢源，却也能应付得了。

但是即便如此，当躺在病床的那一刻，小昭的内心还是感到了莫名的孤独与恐慌。也不知道，是因为小时候那匪夷所思的经历，还是别的什么。突然间，她感觉自己并不幸福，既失去了大学那会儿的悠闲惬意，也感受不到生活的温暖。实际上，很多事情都给人以教条式的感觉。一成不变的煎饼果子，一成不变的豆浆还老给少放糖。见不到一个实实在在的笑容，连带着自己都有几分含着沧桑气息的麻木。

一天到晚，都是各种各样客户的电话。有的对你和颜悦色，有的就干脆蛮不讲理和你吵吵。同事们和自己一样，三天两头的出差，一个月也都没见几次面。同学死党们现在也各有各的生活，为了各自的事情忙碌着。想想看，这生活还真是变得没有什么意思呢。小昭不禁感慨，难道是自己多愁善感了吗？

母亲大人的到来，让自己单调的生活变得不一样了。有人给端个茶倒个水，还真是蛮幸福的。她将自己不满的想法说了出来,老妈竟然一反常态:"没人关心你吗?那你老姑给你打电话,你咋说了几句就给她挂断了。她那脾气你还不知道吗,就受不得别人冷落。害得我哄了她半天。别说别人了,就是我每次给你打电话,你都是一副爱搭不理的样子,毛毛躁躁的,好像谁欠你二百块钱似的,你这没良心的丫头……"

竹筒倒豆子一般,小昭被老妈说得哑口无言。仔细想想她觉得好像的确有这么回事。有一天,她刚和一个客户十分费劲地洽谈完毕,一下了班就赶紧跑回家,躺在自己舒服的大床上,想好好地休息一下。不一会儿,手机就响了。好不容易下了班都不让人休息,小昭不想接。但是高亢的手机铃声一直就没断,她无奈之下拿来一看,原来是老姑的号,心里稍有放松。也许是自己有些疲惫了,具体说的什么已经记不清了,好像就是和老姑匆匆说了几句就挂断了电话。只是没想到自己的马虎,竟然让老姑那么难受。

当小昭回到家调养休息时,她发现老妈已经把家里整理得干干净净、整整齐齐的。床单被罩重新换了,衣服袜子全给洗净收好了,家里一尘不染,连小昭自己都怀疑这还是不是原来自己住的地儿。茶几上换了一个清新的白绿色条纹小桌布,上面还摆着个透明的细口玻璃瓶,两支盛放的紫罗兰静静地插在瓶中。绿油油的叶子,鲜嫩的紫红色的花瓣,散发着淡淡的清香。还真别有一番景致。

小昭突然有点目瞪口呆的感觉，没想到自己的小窝也可以变得这么干净、明亮，还富有"文化"气息。房间里开着半扇窗户，暖暖的春风一吹进来，一阵清脆的风铃声响起。小昭疑惑地抬起头，那是自己堆在茶几抽屉里的东西，都被母亲给翻出来了呢。对了，那串风铃好像是自己生日那天，闺蜜从外地寄过来的。记得当时还让公司里的赵姐帮忙代收的，之后赵姐还送给了自己一个又大又红的苹果。她当即就咬了一口，真是又甜又脆。赵姐倏地就乐了，揶揄说还好我已经把它洗过了。

这么一想，小昭一下子就联想到了好多的事情，都是这两年同事朋友们对自己的关怀与照顾，那些点点滴滴的事情就这么一一浮现在眼前。母亲说，生活本来就该是美好的，只是你却总以为自己很忙碌而疏于关注。其实这根本不用你花费多长的时间，只要你稍稍用点心在这上面。这个家就好比是你的心，你的家乱了，说明你的心也是焦躁的，不够沉静。再说了，自己在公司忙碌了一天了，回到家不就应该好好地调整调整自己的状态吗？一个干净整洁的环境能够让你的身心感到放松，还可以好好地缓解你的疲惫。

母亲为小昭做了一顿丰盛的晚餐，全部都是她最喜欢吃的菜式。母亲讲到了自己年轻那会儿的事，家里不富裕，却仍然过得有滋有味。想到在家的时候，老妈总是会养个花种个草，在市场上淘个小玩意儿什么的，而自己好像都是大大咧咧不怎么感兴趣。但是在家里，却总是很舒适很温暖。不管在外面是个怎么样的状态，只要一回到了家，那种温馨的环境，总是会不自觉地让人放下自身的烦恼。

小昭听着母亲的谆谆教导，深深地点了点头。是的啊，是自己让生活变得忙碌单调了。然而生活并不是枯燥的、一成不变的，那些令人温暖的事情也从来都没有离开过你。只是你脚步匆匆、心神不定，以至于没有时间去发现这些原本很美好的事物。原来自己其实也被大家所关怀着、温暖着呢，幸福也从来都没有冷落过自己。

小昭开心地给母亲夹菜："妈，您也多吃些。"母亲笑骂："就你这没心没肺的丫头，还来这一招，得了吧。"话虽如此，却还是口是心非地露出了一个大大的笑容。母亲慈祥的光辉，就这么照亮了这间不大的屋子。一瞬间，小昭有点哽咽……

其实，幸福就在不经意间，只要你肯用心去发现。世界上不缺乏美，而是缺乏发现美的眼睛。幸福也是一样，人在生活中并不缺乏幸福，只是缺乏发现和感受幸福的能力。

微笑是生命的美，是幸福的力量与源泉；是洗尽铅华的震撼，尘埃落定的静美；是众里寻他千百度，那人却在灯火阑珊处的默然欣喜。

不是大笑，不是狂笑，是微笑

什么是微笑，微笑就是一束阳光，温暖你的心房。

什么是微笑，微笑就是一泓清冽的泉水，洗涤你的哀伤。

什么是微笑，微笑就是一种发自内心的幸福，让你走进幸福的神圣殿堂。

常言道：笑一笑，十年少。笑容具有很强的魅力，能够让周围的人都心生欢喜。但真正的幸福，却可以从微笑中恰到好处地流露。

在堪称经典的电影《甜蜜蜜》里，最后一个镜头是两个主人公的会心一笑。就是这个简单的镜头，简单的微笑，却胜过了千言万语。两人的眼中只有彼此的身影，好像所有的一切都在此刻静止了。那是一种无法言说的情感，是一种久违的心意相通，那也是一种最有意境的、甜蜜的幸福。

微笑从来都是不着急不慌张的,永远那样的沉稳睿智。微笑是时间的凝聚,是生活的磨练,是春暖花开般的浪漫与欣喜。微笑是满天星的灿烂,微笑也是幸福的起点与终点。经历过了那些跌宕起伏的故事,坎坎坷坷的山山水水,看遍了人世的浮华、真情的喜悦与眼泪,才会悟得人生的真谛、幸福的朴实与美好。

无论是罗密欧与朱丽叶,还是梁山伯与祝英台,他们的爱情故事唯美而又深入骨髓。可是看完他们爱恨缠绵的故事,观照内心时便有淡淡的惋惜,也有淡淡的祝福。关于所有的爱情,即便是皆大欢喜,也没有那种肆意张狂的笑。因为那是一种温馨的来源于内心深处的感触,轻柔却犀利地延伸到了每一个细微的角落。让每一处花都静静绽放,每一滴水都能滋润着干涸了的心房。微笑从某种程度上来讲,就是幸福的源泉。

叶青搭乘了飞机飞到了台北,来到了这个令她几经魂牵梦绕的地方。天气略有些寒冷,清冷的秋风将漫天的落叶吹起,让这天地都变成了红叶的海洋。遒劲的老树如老僧禅定,静静地矗立在十字路口,任那车水马龙匆匆走过。

脚踩在那些缤纷的落叶上,清脆的声音自脚底响起,好像是一场准备已久的欢迎仪式,奏响了一个美妙而又悲壮的乐章。叶青弯腰捡起一片枫叶,那脉络清晰地延伸直至消失,简单而神秘,不知又隐喻着谁的命运,拿出背包里的笔记本,轻轻地夹在扉页,让岁月记住此时的寂静和宣扬。

热闹的小街呈现在叶青的面前，清晰而又斑驳的招牌给人以熟悉而亲切的感觉。她远远地就闻到了蚵仔煎的味道，那香气灵活地在一呼一吸之间巧妙地钻入，跑到大脑深处的神经里，让人忆起有关它的前尘往事。香味扑鼻的酥油饼也渐渐地出现在自己的眼前。随着不急不缓的脚步，一系列的美食挨个地罗列着。她来到一个摊位前，取了一罐包装普通的桂花酱捧在手里，感觉整个心都弥漫着桂花的芬芳。她又挑一罐冻顶茶，装满了小小的背包。油煎烹炸的声音和着人群的熙熙嚷嚷，繁华了整个世界。

叶青穿过鳞次栉比的房屋街道，来到了一个安静的小巷。小巷的尽头有一个庭院，一颗巨大的榕树高高地耸立着，越过了低矮的砖瓦土墙凌云于空，遥望着不知名的远方。暮色沉沉，灯光从院落里倾泻而出。叶青敲开了房门，被请入干净的小屋中。一方小桌，对面是老人家慈祥和善的面孔。不知怎地，她的眼泪簌簌而下。

老人泡了一壶叶青带来的冻顶乌龙茶，氤氲的茶气和茶香缭绕了一室。待叶青情绪稍有稳定，老人问道："这些年不容易吧，也是好一阵子没见到你了呢。也难得你还记得我这个老头子，呵呵。"说完，老人抬起头，亲切而和善的目光让叶青心里一暖。还是那一双清亮的眼眸，是历经了世事沧桑的睿智沉淀。老人家的微笑总是具有着神奇的魔力，能够让不安定的心渐渐地回归于宁静。叶青向老人诉说了近日来的生活状态，包括自己事业以及情感的失落与迷茫。老人家静静地听着，时不时地点点头。

他给了叶青一面镜子，"照照吧"。叶青很是困惑，看了看镜中的自己，好像没什么不同。她想，难道接下来老人是要告诉自己什么吗？可是，老人什么也没说。

"既然来了，就先在这儿住下吧。"末了，老人说道。这位百岁老人的生活总是那么的宁静淡泊。即便家门之外，就是喧嚣的街道，入云的高楼。即便外面已经落叶缤纷，这个不大不小的院落却是处处生机勃勃。这里除了那些尽态极妍的花儿草儿，还有几方菜畦，长势极好。这段时间里，叶青跟着老人一起翻土养花。用园中的绿植做菜，用普通的杯碗静坐品茶。

每天的生活都很平淡，叶青和老人唠着家常。怎么样洗衣服可以洗得更加干净，怎么样做菜才会是原汁原味，怎么样煲汤才更有营养。谈谈那些古往今来的历史故事，说说那些富有传奇色彩的人和事物。每天清晨，叶青跟着老人一起打太极。每个夜幕，她给老人研墨。一张张宣纸上苍劲有力的字体潇洒自如地出现。一幅幅出类拔萃的国画墨宝，就在这么不经意间横空出世。

秋高气爽，满天的繁星点缀着清朗的夜空。叶青遥望那璀璨的银河，古老而神秘的感觉迎面扑来。老人没有给她讲什么大道理，只是按着往常的规律进行着日常起居。反倒是叶青，在这一段时间的简单的生活里，感觉自己仿佛与以前有些不一样了。她跟着老人日出而作，日落而息。语言的缄默与存在，潜移默化的影响着所有的思绪。

一天清晨，叶青和老人穿过蜿蜒的山间小道，苍翠的不老松在道旁孑然挺立，刻下了时间沧桑的石阶层层叠叠。半走半跑却仍没能跟得上老人家矫健的步伐。到了一处凉亭，老人问道："怎么样，还可以吗？""咳咳，还行。"叶青顺了顺气不禁感叹，嘲笑自己先前想要扶着老人上山的举动。想想彼此间的差别，叶青汗颜。一路上，老人气息凝定，也没有弯腰捶背，好像就是有那么一股劲，迎着细细的微风扶然而上。

风中飘来不知谁家的闽南腔调，朗朗上口、韵味十足。在这薄云笼罩的山林间，那腔调中竟有说不出的洒脱悠然。突然，三声雄浑而庄严的钟声响彻了整座山林，回响悠远绵长。这钟声让人肃然起敬，对这满山的生灵都有了一种敬畏之心。山顶是一座庙宇，站在高大的庙门之前可以俯瞰到远处的山峦。高楼大厦都变成了浮尘点点，一阵山风袭来，内心也跟着这瑰丽壮观的景色变得宽广。

庙门已开，早已经有虔诚的朝圣人迈进了庙堂。老人却开始朝着另一个下山的小路走去。

"不进去吗？"叶青有些疑惑。

"进去做什么？"

"拜佛呀。"叶青挠了挠头。

"……"

没有得到如期的回复，只好继续跟着老人的步伐朝前方走去。满腹的疑问让叶青有些愣怔。

"你若是想，你便是佛。"老人停下脚步，望着远处倏然说道。

叶青一惊，没想到老人家会这样说。于是乎，在下山的过程中，她都是一路沉思，思考着老人言语之间的深意。看着前方的人丝毫不显凌乱的步伐，相比叶青老人如此瘦小，但在叶青眼中却一身仙风道骨。

半个多月的时间，说长不长，说短也不短。离别的时间也总是不急不缓，当你蓦然回首，却又觉得时光竟是如此短暂。

叶青再次坐在桌前，仍是一壶茶两个杯。蜷缩的茶叶在开水的冲泡下，渐渐地舒展开来。端起茶杯闻一闻茶香，抿一口含在嘴中，缓缓入腹，淡淡的甘甜融化了味蕾。清朗的月色透过窗棂，洒下一室的梦幻。老人将自己近日来的墨宝选了一幅，给叶青打了包，又把叶青近日来的"鬼画符"，也一并给整理了。疑惑中，老人说道："拿去吧，这就是你近日来的变化。而我的那一幅字画，便留给你做个念想。世事无常，谁也说不准以后的事。"

一个小小的涟漪，撩起了一湖波澜。叶青的嗓子眼好像被什么东西就这么生生地堵住了。她端起茶壶，给老人又恭恭敬敬地添了一杯茶，试图让自己的五味杂陈的内心平静下来。

夜渐渐的凉了，老人又拿出了那一天的镜子，说道："照照吧。"叶青有一瞬间的恍惚，将那面雕刻精细莲花花纹的镜子放在脸前，静静地看着眼前的这个女人。精致细腻的小脸，眉眼盈盈，一抹淡淡的微笑自然而然地出现在脸上，仿佛那是一种从心底里衍生出的微笑。叶青很惊讶这微笑也充满了神奇的魔力，惊了自己，也再度感染了自己，于是笑容就更加亲切自然了。不再是那来时，哀哀凄凄的模样……

掬一捧清澈的井水，拍打在脸上。那样清爽，迎着满园的芬芳。高大的榕树，如伞般遮盖了大半个庭院。晨光熹微，柔和了所有的美景以及那斑驳的老墙。收拾好行囊，迎着老人慈祥的目光，叶青紧紧地抱住了他。有一种浓浓的依恋，也有内心的平静与坦然。

出了那扇饱经了沧桑却依然坚固的大门，行走在那条窄窄的小路上。老人依然在那里远远伫立，轻轻地摇了摇手。那个瘦小的身影，就这么刻印在叶青的脑海里、心坎上。"你要懂得静下来，慢悟。"老人说。

穿过仍然人声鼎沸的条条街道巷落，十字路口的老树依旧，它历经了风吹雨打电闪雷鸣，吸收着阳光雨露，被时间遗忘，却又被人们铭记。叶青闭上了眼睛，回想曾经度过的三十多个年头，往事如烟。此时此刻，却能感知到自己的微笑嫣然。而这也必将是今生最忠诚的陪伴。

微笑是生命的美,是幸福的力量与源泉;是洗尽铅华的震撼,尘埃落定的静美;是众里寻他千百度,那人却在灯火阑珊处的默然欣喜。

> 不要因为匆忙，遗失了生命中许多美好，因为那些值得品味的生活往往就在每一个细微的角落。窗外的波斯菊，一口简单的玉米饼，亲人一个充满暖意的微笑，都能让生活更有意义。

慢慢来，体味生命中的美好

不要因为匆忙，遗失了生命中许多美好，因为那些值得品味的生活往往就在每一个细微的角落。窗外的波斯菊，一口简单的玉米饼，亲人一个充满暖意的微笑，都能让生活更有意义。

在王灿灿的童年记忆里，印象最深刻的是那个秋后微凉的夜晚，刚刚下过一场细雨，树上飘落的树叶混着泥泞的湿土，踩在脚下又软又黏。妈妈带着她和表姐走在乡间的小路上，去镇中学的操场上看马戏团表演。小镇来了一批流浪的马戏团演员，这对小镇来说史无前例。那天，除了老人之外，几乎大部分小镇里的年轻人都买票去看马戏表演了。

按照以往人们的作息时间，这个时候的老人们都睡了，年轻人也收拾妥当准备休息，但那日不同。王灿灿左手拉着表姐，右手拽着妈妈的衣角胆战心惊地往场地走。寂静的夜，无声的天空,她们快到场地时终于有些人气了,灰绿色的苫毡、架木和绳带搭建的类似蒙古包一样的场地在这个静谧的乡村夜里显得那么突兀。

门口有人检票,一张张撕掉,王灿灿跟着妈妈和表姐随着人流走进那个偌大的"蒙古包"。整个村子的人们好像聚会一般都来到了这个喧闹的场地,人们一边跟熟人打着招呼,一边给自己找位子。对于王灿灿来说,那天的场景盛况空前,所有的表演像童话故事一般神奇。她见到了真正的红鼻子小丑,会吐火的壮汉,能把自己装进木桶的女孩,还有一头在笼子里凶猛的老虎……王灿灿看得目不转睛,生怕眨一眨眼就错过了一段精彩的画面,舞台的火光照射在她7岁的眼睛里,熠熠生辉。

20世纪90年代,家里看的是黑白电视,王灿灿穿的永远都是表姐剩下的衣服,玩具是手工制作的,每天的游戏是跳格子、捉迷藏和木头人。那时夏日的清晨,推开窗子就是满眼的波斯菊,围栏上缠满了各种颜色的牵牛花,在清晨温暖的阳光下,带着露珠羞涩地包裹着。那时候家家户户都骑着自行车去上班,人们穿梭在大街小巷,孩子们放在家里也不用担心。

晚饭后,人们喜欢三五成群相聚在门前的大柳树下,谈天说地。王灿灿就常坐在家门前那个爸爸为她专门准备的矮石凳上,看着童话故事。那时的天永远都是湛蓝湛蓝的,云彩都是大朵大朵的,人们的脸都是淳朴的,空气永远都是好闻的。

当王灿灿走在英国Lavenham小镇的街道上，看着这个沧桑古朴又充满诗意的小镇，听着远处教堂里传来的钟声，优美的田园风光，清新好闻的空气，这一切都让她回忆起了自己童年时期的家乡。王灿灿来到利物浦留学已快两年，英国的城市大多保留着许多旧时古老的房屋。英国人的灵魂在乡村，他们尊重每一栋值得怀念的建筑，那是代表着英国独有的历史，且不会因为城市的变迁和发展而改变，他们应该庆幸自己这么做了。

记忆里王灿灿最后一次回到故乡，看到的是每次下雨都泥泞不堪的小路早就铺成了水泥地，在不太宽敞的街道上挤满了四个轮子的轿车。每次王灿灿回忆起自己的童年往事，都会对自己说，等以后老了一定要回故乡生活。

故乡的山水还在，人却不知飘向了何方。盖得精致的瓦房里几乎空无一人，院子基本已经荒废。人们在外奔波，离开故乡，生活在城市，有的人还在努力奋斗，只为在那儿争得一席之地。除了逢年过节，小镇马路上的行人寥寥无几，但夜却比以往更长了，邻里之间走动也不多了。

姥姥仍然保持着原来的作息时间，生活规律有序，天刚擦亮，她就起床生火做饭，姥爷也随后起来，拄着拐杖到院子的椅子上坐一会儿。他们每天吃得不多，简单但丰富。姥姥一辈子都没出过几次小镇，最远是去县城的医院看病，那时候妈妈执意要把他们接到城里生活，二老就是不同意，她说他们习惯了，这里才是他们的家,以后死去也要葬在这里。老两口说,不求别的只求两个人能一起走,姥爷给自己和姥姥准备了两套寿衣,时常在夏天拿出来洗洗晒晒。在那条熟悉的胡同里,几乎没有几户人家,老人大都离去,年轻人也都搬离了小镇,以往的繁华景象越显凄冷凋零,邻里之间找不到串门的人家。只有逢年过节才能看到大家从全国各地回来欢聚一堂,但也就仅仅是那么几天,几天后小镇再次变得人烟稀少起来。

王灿灿去看姥爷姥姥那几天,多住了几日。每天早晨天未亮,姥姥就起床给她做玉米煎饼,蒸好后撒上一点盐和芝麻,味道跟小时候的一模一样。姥爷年龄大了,有时会闹些小脾气,姥姥就要在生活的细节中多操一份心。家乡的生活是缓慢的,王灿灿常骑着自行车去河坝上看对面的河流。河水已不再那么清澈,却格外宁静。她沿着堤坝和河流一直往上走,在河岸边看到了一片开得动人的波斯菊,在轻风下悠然晃动。王灿灿摘了一把,回到家后插在花瓶里几朵,剩下两朵,一朵插在姥姥的发髻里,一朵插在自己的耳朵旁。姥姥摸摸头上的花有些不好意思,一直说:"弄下来吧,不合适,不合适,一大把年纪了。"但王灿灿却看到了姥姥脸上洋溢的笑意,姥爷站在远处眯着眼睛笑呵呵地说:"好看,好看!老伴儿和我的大外孙都好看。"

那是她最后一次看到姥姥和姥爷,他们送她去小镇的路口。姥姥带着白色的围裙,双手交叉放在前面冲她微笑,姥爷拄着拐杖像个孩子一般露出要哭的样子。王灿灿一步几回头地看着他们，看着这个充满童年记忆的故乡，擦擦眼角的泪离开了这里。

当王灿灿和自己的爱人站在自家的花园给里面的玫瑰和扶郎菊浇水时，她庆幸自己没有成为那个坐在写字楼下的咖啡店里品味着蓝山咖啡，戴着浪琴手表，脖子上系着Burberry丝巾，迷失在物欲横流当中的人们。在这个快速发展的城市，她并没有被快节奏的浪潮淹没，她仍然保持规律的生活，为自己创造一方美丽的土地。虽然还想再看看河畔的波斯菊，吃一口姥姥亲手制作的玉米煎饼，头上戴着一朵淡紫色的野花，骑着自行车行驶在堤坝上。但她想，如果自己再慢点就好了，也许这个城市当中，她会过上属于自己的慢生活。

> 我总是疑惑着，每天在小小的办公隔间里耗掉十到十二个小时，就是为了升迁；而升迁的结果，却是要在另外一间办公室花上十二到十四个小时继续工作，难道人生除此之外，就别无选择了吗？

你没有错，错的是生活

多想在繁忙之中给自己找一个可以呼吸的空间，不用太大，不用太繁华。有时又想将自己扔在深山之中，听着远处寺院的钟鸣，鸟儿在山中清脆地欢叫着，花儿静静地开放着，阳光透过树叶照在地上留下斑驳的影子。有时多想寻找一片净土，把心装在自己的身体里，很安全，很温暖，没有昨天，没有明天，没有风花雪月，没有时光变迁……

窗外下着淅淅沥沥的小雨，秦宇开着车堵在三环的马路上，车窗前的雨刮来回晃动着，此起彼伏的喇叭声让他一边叹气，一边焦急地看着手表的时间。客户早已经在酒店等着自己了，可这该死的交通依旧是拥堵不堪。秦宇的手机不停地振动，他左手控制着方向盘，右手伸向座椅上的手机。

电话是老板打来的，话筒里老板怒气冲冲，一个劲地问他在哪儿，客户已经等得不耐烦了。秦宇一边压住怒火一边说着自己的情况，可老板根本不管你，他们要的永远都只是结果。

秦宇挂断电话，气愤地把手机扔在座椅上，又被弹到地上。他此刻的心情沮丧到了极点，自己坐在车里干着急，而车子也只能像个害羞的姑娘似的挪着小碎步，一步步地往前走。秦宇虽焦急却也无计可施，心想怎么办，这个单必须签下来，只有签下它才能平衡这个季度的业绩。可同时他又担忧，时间这么赶，肯定来不及，如果签不下来这一年的辛苦都要付之一炬。秦宇越想越担忧，心情也跟着持续低落。负面情绪铺天盖地而来，压得他快喘不上气。

秦宇回想着这几年，每天都是在匆忙和焦虑中度过，却从来没有思考过自己这么做到底是为了什么，内心得不到片刻的安宁。每天早上他都被心底的不安惊醒，紧皱着眉头开始一天的生活，他拥有了比大多数奋斗中的年轻人更多的物质和财富，却依然像陀螺一样被时间抽着走。

"小碎步"走到最后，基本上连"步子"都迈不开了。人们干脆熄灭引擎，有人从车里走出来，站在雨中，看着主路下面的风景；有人打着电话抱怨，还有人在持续不断地按着喇叭。几乎快抓狂了的秦宇内心犹如波浪翻滚，汹涌澎湃，无法止息。他一边拍打着方向盘，一边宣泄着自己的不满，后来干脆也从车里走出来透透气。他使劲呼出一口长气，茫然无措地看着周围的风景，天空黑压压的云朵，跟着风的节奏来回翻滚。

站在桥上看着周围森林般的水泥城市，他感受到自我的渺小，再看看那个铁皮轿车，像个硕大的笼子囚禁了人们的自由。秦宇已想不起来有多久没好好走在路上，看看沿途的风景。每天自己焦急地看着迈速表、手表和文案，用脑子飞快地想着下一分钟要做的事情。这种焦虑和烦闷的心情一直犹如一块大石头般堵在自己的心窝。人总是会渐渐习惯，持久的压力已经让他变得麻木，可这并不证明压力一点都不存在，它仍旧在你的心底，搅乱你内心的平和。

秦宇看看手表上的时间，离约定的时间已经过去了**整整半个小时**。他想，不用去猜下面的结局，以这个客户的性格，他一定是愤愤不平地拂袖而去了。车里的手机还在座椅下面不停地振动着，面对这种既不能前进也不能后退的情况，秦宇彻底放弃了。他颓然地面对着自己的失败。但那一刻他突然发现，当自己放下内心的焦灼，居然心底是如此的平静，他没有懊恼自责，而是觉得无比轻松愉快，仿佛这次失败才是生命里不可替代的成功体验。

之前的自己无法面对失败，凡事对自己都严苛要求，工作一丝不苟，对待时间的态度也是分秒必争。他想着要超越身边的所有的人，所以他要快，抓紧每一个可以利用的机会，马不停蹄地绘制着他的成功之梦。他成功了，但成功后的自己不免会有高处不胜寒的担忧。自己仿佛成了转轮里的老鼠，一旦开始奔跑就难以停歇。

人们常常把衡量自己的标准看得很单一也很物质，比如权力，比如金钱。然而时间会洗刷这一切，最终把所有的痕迹清零。秦宇豁然开朗，雨停了，拥堵的路面开始有些松动，车子一辆辆启动起来。秦宇突然想起了朋友开的那家颇有波西米亚风的主题小店，于是放下对客户、对老板的担忧，径直开往那里。

《生命的咖啡馆》里有这样一段话："我总是疑惑着，每天在小小的办公隔间里耗掉十到十二个小时，就是为了升迁；而升迁的结果，却是要在另外一间办公室花上十二到十四个小时继续工作，难道人生除此之外，就别无选择了吗？"这是很多人都会遇到的疑惑，不光是秦宇。我们每天的脑袋都在飞快地运转，甚至连你的老板都会传达给你这种思想：只有在梦里还在工作才是一个员工最佳的状态。不管我们听到什么，看到什么，以至于受到了什么思想的影响，都要有选择地去聆听、去观望、去思考。

在这个世界中，任何一件事物都没有错，任何人也没有错，错的是我们自己太认真。城市的发展很快，但那也跟自己无关。所有的东西都是按照自己的样子在这个世界中变化着。它没有权利也没有资格拉着你跟它一样快速地行走在时光的痕迹之中。

人完全可以悠然自得地过轻松愉悦的日子，闲庭信步，朝花夕拾，在每一个细致入微的过程中，品味着内心的跌宕起伏，用喜悦做船头为人生导航。生命不可能时时风平浪静，也不能时常波涛汹涌，但如同海水一般的我们，即使被海风掀起千层波浪，最终还会回归到大海，重归平静的水面。

人的一生有很多的追求，无论是甜蜜的美好还是苦涩的心酸，都是人生的一道道风景。正如时光流淌的不急不缓，有花也得有草。步履太匆匆，就忘了每一步的幸福。

最幸福的，是追求幸福的过程

一行人去旅游，想登上群山之巅看壮观景色。望着崎岖陡峭的山路，有的人选择了极为方便的缆车，心想如此这般，便可以轻易地看到那些瑰丽的美景，俯瞰脚下的山山水水、花草树木。有的人却仍然选择沿着蜿蜒的山道爬行，也许这个过程并不是那么容易，但是也甘之如饴。

山顶的景色固然美好，但是爬山的过程中，那些身边的树木花草岩石又会给人一种不一样的感受。山林古道，静谧深幽，只有亲身体验了，才能感受那份美好。这丝毫不逊色于直接站在山巅的那份惬意，而更重要的是多了几分内心的感触和意境，也是"一步登天"所不能理解和感受的。

对于登山者来说，重要的便是体会过程，需要用坚强的意志和力量征服山峰。如若不然，一切还有什么意义呢？就好比一份考卷，还没有填写答案就已经获得满分的傲人成绩一样令人索然无味。

没有人在看一部小说的时候，直接翻看结局。无论这个故事是悲是喜，但总有一个跌宕起伏的过程，或者惊心动魄、扣人心弦，或者令人潸然泪下、感慨万千。却最终要的不只是结尾的寥寥几笔。要读的就是故事的过程，要品的自然也是那些栩栩如生、刻画得惟妙惟肖的细节。就是这个过程，才是最有意义，才是一个故事的精华。

当人们来到这个世界便是生，但是却有生与死的界限。这两个极端的点，贯穿着世界上所有的生命始终。古往今来，人都要面对死亡，都要历经生与死这种一成不变的仪式。起点与终点一样，不同的是生与死之间的过程。每个人所经历的不同，所做的不同，交织成多姿多彩的人生。这才是人与人之间的区别所在。

有这样一个典故，说是慧宗禅师喜爱养兰花，不过常常因为弘法讲经而不得不云游各地。有一回，禅师又要到外面去。临行前他吩咐自己的弟子，照看好寺院里的那数十盆兰花。弟子深知师父的爱好，因此也勤加照看，那些兰花都被照顾得很好。但是有一天深夜，突然狂风大作，暴雨如注。偏偏当晚弟子们一时疏忽，就这么将那些兰花遗忘在户外，结果可想而知。几天过后，慧宗禅师返回寺院。众弟子都忐忑不安地上前迎候，准备领受责罚。谁知，在得知原委后，慧宗禅师竟然泰然自若，神态平静安详。他看出了弟子们的疑惑，宽慰弟子们说："当初，我可并不是为了生气而种养兰花的。"徒弟们了解到，原来慧宗禅师的幸福关键是在于种兰花的过程。

无论是爬山、看书、饮食以及生死，都是一个追求幸福的过程。历经十年寒窗，终于有所成就，不禁感恩于自己的努力。在这样一个过程中，那些酸甜苦辣都是成长中最为宝贵的东西。那些积累的人生经验，都会在某个时刻起到它应有的作用。

青涩唯美的初恋，也许并不都会结出甜蜜的果实。那么什么爱情是幸福的呢？可以和自己的爱人相守到老，这固然是皆大欢喜。但是分开了，也不是什么大不了的事情。因为你们彼此珍惜过、相爱过，曾相互依偎，真情相守。那是只属于彼此的浪漫，刻印在时间的笔记里，除了当事人，谁也没资格翻看。

时光荏苒，可是谁也不会后悔自己曾经有那么一段可以回忆的前尘往事，即便那并没有以一个圆满的结局而结束，可是在众多人的眼里，那个美丽的过程却如此弥足珍贵。幸福的不是结局，是过程。

《泰坦尼克号》里，杰克与露丝的爱情故事让人感动。两人站在船头，张开双臂面朝大海，洋溢着满满的幸福的那一幅画面，撼动了不少人眼球。二人的爱情超越了生与死的界限。虽然没有相伴到老，可是没有人能说他们的爱情不够美好。《飞屋环游记》的老人曾经与自己的老伴有一个约定，要相伴去一个坐落在遥远的南美洲的瀑布旅行。只是因为生活的忙碌与奔波，终没能实现。直到后来，在一定的契机下老人连带着自己的房屋完成了与妻子的约定。其实，老人是幸福的。即便到了后来没能与妻子真正的观赏那气势磅礴的瀑布，可是他们却有着几十年的爱情点滴。有烦恼，有欢笑，有自己与爱人朝夕相伴，这便是幸福啊。

人人都在追寻着自己的幸福，可是有时候人们太在乎终点，而追寻幸福芳踪的过程却被自己忽略了。有的人，因为没有得到最终的结果而自暴自弃；有的人因为没有达到自己的目标而悲观放纵，还有的人，为了追求幸福还在苦苦寻觅。

很多事情，一旦过分强调了结局，就会变了味道。人的一生有很多的追求，追求着属于自己的那份目标、那份幸福。但是，无论是一帆风顺还是坎坷丛生，无论是甜蜜的美好还是苦涩的心酸，都是人生的一道道风景。是好是坏，都得是自己一步一个脚印走过。正如时光的流淌不急不缓，有花也得有草。走得太急，就忘了这个过程。步履太匆匆，就忘了每一步的幸福。

《世说新语》里有这样一则轶事：一天夜里，天降大雪。王徽之从梦里醒来，这漫天的雪色美景令他心生雅兴。饮酒作诗之间，王徽之突然想起了自己的好友戴安道，但这好友远居当时的曹娥江上游的剡县。他仍欣然乘舟前往，过了一夜的时间才到了朋友的家门前。然而他却突然折道返回，有人问他这是何故，王徽之道:"吾本乘兴而行,兴尽而返,何必见戴?"

有的人也许想不通,既然之前来的目的地就是好友家,这好不容易赶到了怎么却又不造访了呢。其实这都是人们被一个固定的标准给限制住了。想来也是,"我本来就是乘着兴致前往,既然已经没了兴致,那自然就要返回,又何必非要见一见戴安道呢"?这不得不说是幸福于过程的最佳典例。

追求的是幸福,然而最幸福的也是令人回味悠长的过程。

> 幸福是什么？是一声温暖的问候，一次深情的祝福，一个健康的身体，一份平淡的生活，一个快乐的心情，一生简约的知足。拥有了这些，就是幸福。

幸福很简单，是我们想得太复杂

2012年的中秋以及国庆节的那个时间段，一句"你幸福吗？"真真儿是红遍了大江南北。这样一个关于"幸福"热门的词汇，之所以激起一江的波澜，引发人们的感叹万千，还要归功于各种神一样的答案。

记者询问一位务工的大叔，您幸福吗？大叔有些推辞，称自己是外出打工的就不要问了。但是这位记者并没有放弃，重复了自己的问题。大叔拗不过，说："我姓曾。"这下倒好，报道一出来，网络上就炸开了锅。与此同时，各种各样的神回复又再一次掀起了一场轩然大波。但是在接下来的视频报道里，人们用不同的方式表达着自己是否幸福，发表了自己别出心裁的不同见解。热闹过后，也引发了人们对于幸福的思考。

那么幸福是什么呢？不少的人无法给幸福定一个完整的概

念。每个人对幸福都有着不同的看法,也都对幸福有着不同的定义。有的人穷极一生都在追寻着幸福,可到头来仍然没有觉得幸福。有的人认为有了香车宝马才是幸福;有的人认为功成名就才算是幸福;有的人认为能够平平淡淡的生活才是真正的幸福……

早些年,人们的生活很是艰苦。吃不饱穿不暖,甚至经常闹饥荒。家里有一个坛子,里面全是用盐巴腌了的萝卜、白菜。没有钱买油炒菜,就整天吃着咸菜就着粗制拉嗓子的黑窝窝头。平常,谁家要是能够吃上一顿面条,那都是好过的人家。一年到头都没能吃上几口肉,等好不容易过年了,一碗肉得先让来访的客人吃。运气好了留下一点,就全家人吃。那时候,就连现在人们都不喜欢的猪皮,也切碎了做成饺子馅。没人嫌弃有什么腥臊味,还没来得及细品,就已经半碗下肚,再看锅里已经连汤都不剩了。

家里孩子多,谁也没怎么穿过新衣服。都是小孩子穿大孩子穿过的衣服,正所谓新三年旧三年缝缝补补又三年。那衣服上的补丁,个个都是货真价实。没有什么合不合适的,就看能不能穿。鞋子磨破了洞,就拿针线碎布缝上。只要没什么大问题,也是依旧从老大排到老末的样子。于是乎,那时候人们眼里的幸福,就是盼望着过年。因为能够穿上新衣裳,吃上一顿能吃饱的大肉馅饺子。

到了后来,人们的生活条件变好了,不用再担心那些吃不饱穿不暖的情况。想吃什么就吃什么，什么山珍海味、鸡鸭鱼肉，都不是问题。穿衣服也趋于个性化，什么棉麻蚕丝，挑染刺绣，都不再是一成不变的老样式。远离了粗茶淡饭，人们的生活水平提高了。这时候，人们对于幸福的定义就变了。像住上洋房，开上豪车，等等。可是渐渐地，问题就来了，因为即便达到了自己预期的目标后，却并没有任何的幸福感。混混沌沌中，甚是迷茫。看着别人一脸幸福的样子，自己却有说不出的苦涩。

其实，幸福它并不复杂，也并不难发现，只是人们的不满足屏蔽了很多真正幸福的东西。那么什么是幸福呢？幸福就是对生活的感悟；幸福就是能够时时刻刻关照自己的内心，发现自我的不足以便能够及时改正；幸福就是暖暖的呵护与关爱，朋友与亲人的真情问候。

苏小小在网上疯抢了一个月的火车票，终于在除夕的前一天抢到手了。欣喜之下，她赶紧取来了得之不易的车票。看着手里红艳艳的像百元大钞一样的车票，她心中的石头才总算落了地。

话说这一年就要结束了，大街小巷都已经张灯结彩。人们出入于大大小小的超市，淘着过年要用的百货。小区里的一个老爷子，掂着两瓶老酒，扛着一箱带鱼，嘴角的微笑就这么不经意间绽放。"呵呵，儿子闺女都要回来喽？""是啊是啊，都要回来了。做什么菜我可都想好了。对了，记得把那压岁钱取出来，好让我包个大大红包，给我那宝贝孙子孙女啊！又是一年哪……"

在旁边的老伴儿也应道。

红红的春联，包装精致的烟花爆竹。无论是大街上，还是公交地铁上，到处谈论的都是有关新年的事情。一种浓厚喜庆的氛围就这么席卷了大街小巷，可谓年味十足。

这一年，苏小小一个人在一个陌生的城市打拼。有欢笑也有泪水，见识了很多，也学到了很多。即便自己也受了不少的委屈，但是不管怎样，她还是一路咬牙走了过来。朋友们的陪伴以及父母的关怀，都是自己前进的动力。

尤其一想到自己的父母，苏小小心中就是一暖，突然就感觉自己很幸福，可以按时回到家，和父母准备年夜饭。她记得，去年就和老妈一起包饺子、炸丸子，老妈还直夸自己进步了不少。陪老爸下了几盘象棋，虽然还是输多赢少，但是那开心的笑容一直挂在脸上。想着一家人能够开开心心、快快乐乐地聚在一起，一大桌子美味可口的年夜饭，守着电视看着春晚，苏小小就有了精神动力。

到了家，外界一切的烦恼琐事就都与自己没了关系。有的只是舒适与安心，尽情地享受着家中父母亲人带来的温暖。敞开了心怀，谈天论地，古往今来，怎能不快哉？有家就是幸福，不需要多么富丽堂皇，也不需要是多大的地方。无论你在外面受了什么委屈，它都可以让你在这里舔舐你的伤痛，治愈你的哀伤。

幸福很简单，每当你拖着疲惫的身躯赶到家里，那里有做好的晚餐，有爱人亲切的问候，有儿女甜美的撒娇，这便是幸福。

幸福很简单，每当你失落的时候，有朋友在你身旁，与你一起敞开心怀，痛批那些让你烦恼的人和事，之后百般鼓励你，不要灰心，要坚持不要放弃。

幸福很简单，就是在你想尽孝道的时候，父母仍然健在。一家人可以开开心心地团聚在一起，吃上一顿充满了温暖与爱心的饭。

一箪食一瓢饮，都可以是一种幸福。在你冷的时候，有一件衣服披在了你的身上；在你饿了的时候，有一碗热乎乎的粥摆在你的面前；在你无聊的时候，有一首动听的歌曲萦绕在你耳边。这，都可以是幸福啊。

幸福是什么？是一声温暖的问候，一次深情的祝福，一个健康的身体，一份平淡的生活，一个快乐的心情，一生简约的知足。拥有了这些，就是幸福。

人的眼睛不要老是盯在远方，寻寻觅觅几个世纪后才发现，身边的幸福才是真实温暖的。所以，无论是一只猫还是一个你不经意间相遇的人，停下脚步，试着和他们轻声呢语。然后，你会发现，幸福就在你身边，从未远离！

"喵星人"的惬意人生

第一次见到猫主人墨墨，给子羽留下了极其深刻的印象。当时子羽在公交站等她，不远处一个穿着干净的年轻女孩左顾右盼，结果一头扎进垃圾箱，开始翻里面的东西。子羽一边给墨墨打电话，一边心想这个女孩好奇怪。电话接通后，旁边那个翻垃圾的女孩从衣服口袋里掏出手机，说了一句："你好，子羽，你到了吗？"子羽转头，看着垃圾桶前面的女孩，当时就被震惊了。

当墨墨扔完垃圾回到家里，发现自己的钥匙又弄丢了，这已经不是第一次了。她站在原地想了半天，终于回忆起刚才扔垃圾的时候好像顺手把钥匙也给扔了，于是又折回去，沿着原来的路走到垃圾桶旁，一头扎了进去。正翻了一半，电话响起来，一看是下午要来领宠物的子羽，于是便发生了刚才那一幕。墨墨翻了半天终于找到了钥匙，子羽看着墨墨，表情又一次震惊了，因为那个钥匙上还挂着一根已经烂掉了好久的菜叶。

她们是通过网站上一个叫"流浪动物救助站"的组织认识的。过几天墨墨要回老家,她的猫叮叮需要人来帮忙带几天。子羽自告奋勇,回复了墨墨那条帖子。于是第二天,子羽坐了一个多小时的公交,到达目的地,等着猫主人来接她,便发生了刚才那一幕。

墨墨性格大大咧咧,是个非常开朗乐观的女孩,喜欢小动物,自由职业,爱好画画写字,专业学的是设计。因为坐在家里便可赚钱,所以她也算是大半个宅女。

屋子里的情况有些惨目忍睹,墨墨尴尬地笑了笑说,"这几天忙着赶稿子,所以……"子羽狂点头,表示理解。一进屋,墨墨就开始叫叮叮的名字,可屋子里翻了个底朝天也没看见个"猫影"。墨墨说:"叮叮这个孩子比较喜欢依赖人,到了你们家还得请你多多照顾。"子羽说:"不用客气,希望两只猫能和睦相处就好啊。"墨墨又翻了半天终于在储物室的角落里发现了叮叮。它站在黑暗处瞪着圆溜溜的眼睛看着眼前陌生的子羽,发出"喵"的一声,声音轻柔好听。

叮叮一岁多了,是只流浪猫,说起这只猫还有一段难忘的往事。墨墨家的阳台曾出现过一只大白猫,墨墨常会给它一些猫粮,时间久了,彼此有了默契,流浪猫在找不到食物的时候,就会站在墨墨家的窗子前哀声叫着,墨墨就知道它又饿肚子了,于是打开窗子把食物放在它面前,看着它香喷喷地吃着。

可有一天半夜,猫咪在阳台上叫,墨墨拉开窗帘发现这只猫并不吃东西,只是痛苦地哀嚎,于是也没有理会,便睡觉了。结果早上一拉开窗帘,发现那只猫居然产下了三只猫崽。墨墨十分欣喜,伸出手就要去摸那几只小猫,结果母猫不再像以前那么乖巧,而是很凶恶地叫了一声,嘴里衔着一只猫仔就跑下了阳台,在不远处停下来,盯着她看。

墨墨叫它不要害怕,并尝试跟它沟通,说自己可以提供毯子和食物给它们,可猫咪怎么都听不进去,最后居然把嘴里衔着的那只小猫当场吃进肚子里了。墨墨吓坏了,也惊呆了,过了几秒钟,她做出了一个决定,把剩下的两只猫赶紧抱到屋里,她拉上窗子,抱着两只猫崽就坐在床上哭了起来。那一幕如同一个难以抚平的伤让她始终难忘。后来,那只猫再也没有来过她家的阳台。

她留下这两只猫,其中一只因为刚出生体质太弱,死掉了,剩下一只就是叮叮。叮叮胆子很小,身体也很柔弱,常生病。墨墨因为它,经常跑到很远的宠物医院给它打针,喂它吃药,可能是出于一种愧疚和怜悯的心理,她决定要照顾好它,不能让它再受到伤害。

她把这件事写成帖子发到救助站里,大家众说纷纭:幼崽在出生的时候如果沾染了人的气味,猫妈妈就不认自己的孩子了;

它当时把猫崽叼走,可能是害怕人类伤害它的孩子,所以它觉得吃到肚子里才安全,这也是万不得已的下下策;还有人说,可能母猫刚生完猫崽,是傻的,对事物也丧失了判断力。总之所有的答案都不能挽救两只小猫的生命,所以墨墨对这只猫总是有种莫名的愧疚感,她觉得是自己让它和猫妈从小分离,也是因为她的行为让猫妈担心,并亲口吃了自己的孩子。不管怎么样,她都要精心地照顾好它,一定要让它活下来,代替它的猫妈妈,把自己能给予的爱,都给它。

叮叮一岁多了,当子羽把它放在包包里时,它很乖,偶尔探出头来看看外面的世界,眨着萌萌的眼睛,张开小嘴打了哈欠就又睡着了。这是一只白色的猫,它的毛色光滑干净,这与墨墨房间的风格完全不符。好吧,看来墨墨真的给它很多的关爱,自己也要小心待它。子羽心想。

回到家,难题来了,自己家里的猫是一只四岁的美国短毛猫,叫艾森,算是个老油条了,自己知道出门散步,散完步了也知道回家。性格独立,很有主意,更是调皮,心情不好了,家里弄得一团糟,心情好了,过来蹭蹭你,所以每次当它心情好的时候,子羽反而会觉得受宠若惊。

但是它特别排斥新来的叮叮,子羽给艾森买的猫屋是三层的,也算豪华,它却从来都不给叮叮玩。她希望两只猫能够好好相处,结果艾森处处欺负它,刚来的第一天就给它一个下马威,在客厅前的沙发旁,两只猫疯狂地打了一架。当然,最后还是叮叮吃亏了,叮叮自知不是艾森的对手,会避免与它正面交锋。看见子羽回来了,它也会常在她身边转悠,估计是怕艾森欺负它。艾森翘着尾巴,抬着头,高傲地从叮叮面前走过。子羽抱着叮叮,看着它在她的怀里委屈地叫着,就斥责了几句艾森,没想到它居然生气了。好长一段时间子羽都看不到艾森的身影,而且有一次居然离家出走,在外面玩了两天才回来。子羽拿它没办法,也不常管它。

就这样相处了很久,直到有一天她发现叮叮的精神状态特别萎靡,趴在角落里喵喵地叫着,样子好可怜,偶尔还会流泪。子羽以为又是艾森欺负它了,可艾森已经好几天不见猫影了,这会儿应该是躲在哪里睡懒觉呢。子羽摸摸它的鼻头发现是干的,心想,坏了,会不会发烧了,用体温计一测量,还真是发烧了。子羽这才担心起来,这可是墨墨的亲闺女啊,要是还没等墨墨回来,叮叮再有个三长两短,自己怎么跟人家交代啊。于是子羽赶紧穿好衣服带它去宠物医院打针。这时,艾森从床底下钻出来,站在子羽的身后,子羽明白它是想跟她一起去,就把它也一起带上了,一人两猫赶往宠物医院。

到了宠物医院,医生打了一针,叮叮似乎好多了,但还是不爱叫,总是趴着地上不像刚来的时候那么活跃。带回家后,子羽把它放在艾森的猫屋里,这次艾森居然没有动怒,而是慢悠悠地跑到别的地方玩了。子羽稍感安慰，看来猫咪的世界也是有同情心的。

叮叮渐渐好起来了，那几天应该是思念主人成疾，害了一场小病。因祸得福，两只猫咪似乎化解了昔日的恩仇。子羽有一次回来，看见它们肩并肩蹲坐在阳台上惬意地晒太阳。曾经，艾森对叮叮是不屑一顾，叮叮则是看见它就像看见瘟神一样，躲得老远。两只猫能化解恩仇，成为一对好伙伴，子羽终于不用担心叮叮以后再受欺负了。

一个月后，墨墨回来，带走了叮叮。子羽和艾森似乎还有些不舍，而且艾森那几天又玩起了消失，要么就是在家找不到猫影，要么就是放出去好几天才回来。子羽心想，也罢也罢。这人失恋了也得好一段时间才能恢复正常嘛！艾森的恢复期还不算太长，大概一个多星期又回归成原来那个骄傲、有个性、脾气又坏的艾森。

以前的猫是要学会抓老鼠的，现在的猫是要学会卖萌的。"喵星人"可爱的猫爪子，萌萌的小脸蛋儿，毛绒绒的身子，让人忍不住想捏捏它们，看着它们每天踩着慵懒的步子，抬着骄傲的小脑袋，在明媚的下午，伸伸懒腰，继而蜷着身子，沉浸在暖洋洋的阳光下，进入了喵星人最惬意的生活状态——睡觉。越来越多的"喵星人"俘获了人类那颗对萌宠的喜爱之心。他们外相可人，跟它们在一起生活，仿佛也能学着慵懒起来。

其实，有些时候，一只猫咪能给你的幸福也是这个世间独一无二的。人的眼睛，不要老是盯在远方，寻寻觅觅几个世纪后才发现，身边的幸福才是真实温暖的。所以，无论是一只猫还是一个你不经意间相遇的人，停下你匆忙的脚步，试着和他们轻声呓语。然后，你会发现，幸福就在你身边，从未远离！

> 从前觉得幸福总是离自己那么遥远，原来，幸福就在身边，只是从未用心去体会。其实，幸福有时候真的不是有房子住，有车开，而是有那么一个人，不能给你车，却能在车上为你占个位置。

幸福有时候只是一个位子

富兰克林曾说，与其说人类的幸福来自偶尔发生的鸿运，不如说来自每天都有的小实惠。我们生活在行色匆匆的年代里，常常会忽略身边微小的幸福。或许，我们认为幸福是升职加薪，是孩子考上好的学校，是我们住上更大的房子。是的，这些的确是无可厚非的幸福，但是这样的幸福，必定不是天天发生。人要学会从生活的细微之处寻找幸福。生活不缺少幸福，只是缺少发现幸福的眼睛。当我们从路边一朵花上嗅到清香，当我们从晨起的鸟儿那里听到美妙的音乐，当我们从在菜市场的喧嚣中看到生机勃勃的生活时，我们就是幸福的，因为，我们有一颗对幸福敏感的心。

安妮认识卫东的时候，卫东正在兴致勃勃地向同学描绘他的未来，他语气笃定地说他一定会留在这座城市。就是这样一句话，打动了安妮。她觉得，她和卫东是一路人，他们都对这座城市恋恋不舍，或者说，他们对这座城市充满了渴望，渴望回老家时，能在街坊邻里脸上，看到羡慕的神情。就为这，安妮也愿意留下了，尽管，留在这座城市很辛苦。

安妮和卫东是同一个大学的，卫东是学长，安妮是外语系的高材生，在学校时，就曾独立翻译过两本书，这让卫东这个连ABC都懒得念的人敬佩不已。安妮来自一座小城市，她曾因为考上这所名牌大学而在小城名噪一时，人们都说，安妮以后就是大城市的人了，肯定是不会再回到这个破旧的小城。安妮的父母，虽然也舍不得女儿去那么远的地方上学，但是一想到女儿的前途，特别是那么好的大学，老夫妻俩顿觉骄傲无比。

对于安妮来说，她也不愿意回到那个贫穷落后的小城市，能在大城市有所作为，能留在这座城市，有个稳定的工作，还有个自己的家，是她最大的愿望，也是她最大的幸福了。

和卫东好上时，安妮正在上大四，而卫东已经出来工作了。他和几个同学合租一个小套间。就算合租，卫东的工资也有一半都用在房租上了。安妮周六日会去那里，卫东给她拿出准备好的零食，边看着安妮咔嚓咔嚓地吃着薯片，边对安妮描绘，以后要给她一个大房子，墙壁一定要贴上海蓝色的壁纸，洗手间一定要装修成欧式的，这些，都是安妮喜欢的。安妮很欣慰卫东这样的想法，这意味着卫东一直在计划留在这座城市。他们俩从来不计划结婚时要拍什么样的婚纱照,要去哪里度蜜月,两个人都一直认为,这些形式的东西都不重要。重要的是,两个人在这座城市要有一个容身之处,他们要把钱都攒下来,然后在这座城里有个自己的家,哪怕是蜗居也好。

安妮毕业后,卫东还未攒够房子的首付款。卫东在一家软件公司码代码,工资倒是不低,可是除去房租和生活费,余钱也不是很多。安妮加入了卫东攒钱的行列,他们省吃俭用,一分一分地积攒着,希望通过自己的努力能尽快把房子的首付凑够。可是,随着房价的不断攀升,转眼间,四环内的房子都涨到了两三万一平米,这让两人着急不已。看来,存钱的速度怎么样也赶不上房价增长的速度。两个人一有空就到处去看房子。可是,每套房子,他们都觉得非常好,只是,每套房子,他们的钱,都不够首付。

"看来,我们只好去郊区买房了。"望着居高不下的房价,卫东无奈地对安妮说。"郊区也好啊,只要能在这座城市有房子。"于是,两个年轻人,在没有任何人的帮助下,真的就在郊区买了套房子。房子很大,阳光能照进每个房间,两个人欢天喜地地搬进了新房。

由于房子在城市的东郊,每天,两个人天不亮就得起床上班,在公交车上站一个小时,再坐两个小时的地铁,每天来回在路上的时间就要超过六个小时。每天上下班都像经历一场战争一样。安妮曾在电视上看过报道，据说，每天从东郊进城上班的人数达到了30万，而公交线路却只有十多条。挤公交车，是每天在郊区面临的头等大事，也是每个没车的人去市区的唯一选择。每次从公交车上下来，安妮都发现自己没了人样，早上精心打理的头发散乱在脸上，衣服被汗水浸透得像地图。她常常以这种狼狈不堪的样子出现在单位。

安妮在一家出版社做翻译，熬夜翻译稿子是经常的事，所以，每天等她起床再去排队时，能挤上公交车就不错了，座位，那就别指望了。渐渐地，有房子的喜悦逐渐被挤公交的痛苦代替了，特别是安妮，何曾吃过这样的苦。每天这么辛苦的工作，回家的路却是漫长而艰辛。每次回到家，两个人都累得瘫倒在床，连说话的力气都没有了。安妮觉得自己就是一台高速运转的机器，每一天都忙得人仰马翻的，特别是在追赶公交车的时候，她恨不得自己能长四只脚，或者生出一对翅膀。不知道从何时起，安妮对这样的生活充满了恐惧，每次当她要去挤公交车时，双腿都像灌了铅似的，能坐上一个位置，能在车上补觉，这是安妮搬到郊区以后最大的愿望。

安妮对新家没有了之前的欢喜，她也不再觉得小区的环境是多么的幽静，想着离出版社那段遥远的距离，她就后悔当初的选择。她想，宁愿一辈子租房子，也不愿意每天在公交车上受罪。安妮怨恨这样的生活，连带对卫东也充满了怨气。她埋怨对方没有能力给自己一份幸福安逸的生活,让自己天天起得比鸡早,睡得比狗晚,这样的生活,还有什么幸福可言。从前的甜言蜜语不见了,有的只是针锋相对的埋怨。在很长一段时间里,两个人都互不理睬,直到有一天,卫东辞去了工作。

"你为什么要辞职?没有工作我们房贷怎么办?"安妮对卫东不打招呼的辞职感到很气愤。卫东告诉安妮,他在郊区找到一份工作,工资虽然低了点,但是不用在路上再花费那么多的时间,而且,多余的时间他可以去做兼职,也可以更好地照顾家。虽然安妮无法理解卫东为什么突然辞职,但是她不愿意再多去想,她累了。

辞职的第二天,卫东早早地起床,给安妮准备好早餐,然后悄悄地下楼,在等公交车的长龙里,排上半个小时。等安妮来到公交站时,他已经为她占了一个靠窗户的位置。安妮惊呆了,她万万没想到,卫东辞职有很大一部分原因是为了她。原来,当安妮一次又一次地在他面前抱怨坐公交总是没位置,而自己目前又没有能力为她买车,他才想到辞职。他说他的工作在哪里都能找到,而他知道,安妮很喜欢目前的单位,他只想安妮能轻松点,哪怕只是一个座位,如果能让她快乐,他愿意每天为她去占。

坐上位子的安妮,透过窗户看到卫东的背影,泪流满面,她拿出手机,把一个富二代发给她的短信删除了。她突然觉得很幸福,从前觉得幸福总是离自己那么遥远,原来,幸福就在身边,只是她没有用心去体会。其实，幸福有时候真的不是有房子住，有车开，而是有那么一个人，不能给你车，却能在车上为你占个位置。

在美国的一个小镇上，有一个古老的站台。站台上有一排椅子，椅子很破旧了，虽然小小的站台已经翻修了很多次，但是唯独那排椅子，一直保持着原样。原来，这排椅子有个美丽的故事。

安东尼每周都要坐小火车从另一座城市来小镇看梅里亚。梅里亚是家里的独生女，父母希望她能嫁到本镇，况且，他们也不喜欢安东尼那过于黝黑的皮肤，他们要女儿嫁给白种人。梅里亚不听父母的，她总是在周六的早上，很早来到站台，坐在椅子上，等安东尼从老旧的火车上跳下来奔向她。往往，梅里亚会在站台等一个上午，因为安东尼要把农场的活干完才能来。安东尼告诉梅里亚很多次他到达的时间，要她不要那么早去等他，但是梅里亚说，她喜欢坐在椅子上等他的感觉，仿佛他随时都能出现在她面前。

梅里亚总是坐在那排椅子中间的一个位子等安东尼，所以，那个位子成了他们两个人幸福的见证。然而，随着"二战"的爆发，安东尼被拉上了战场，而梅里亚却并不知道安东尼为什么没有按时出现在站台。有人说安东尼不要她了，也有的人说他战死在战场了，但是梅里亚不死心，她相信安东尼总有一天会出现在站台。于是，她风雨无阻地每天坐在那个位子上等，这一等就是

50年,直到梅里亚去世,安东尼依然没有出现。

人们被梅里亚对爱情的执着感动了,他们决定,无论站台怎么改造,那排椅子都不会改变。那个位子,承载着梅里亚全部的幸福和渴望。

幸福有时候真的很简单,一个位子,足以让我们在困苦的生活中感受到别样的幸福。我们要学会做一个"向日葵族",善于发现身边的微小幸福,永远向着阳光微笑,把知足常乐奉为座右铭,学会减少自己的欲望,感受快乐的事。提高感知幸福的能力,这样会让我们生活得更愉快!

PART 4 一个人，慢慢走，慢慢游

很多时候，不是生活禁锢了我们，而是我们的内心将自己紧紧地束缚了。放松心灵，来一次与自然的美丽邂逅。放慢自己的脚步，行走在浩瀚广袤的天地之间。望一望群山远岱，细细地触摸大地的脉搏，聆听自然的声音，去发现生命的美好与珍贵，感悟花鸟鱼虫的千姿百态。你终将讶然欣喜，原来只要你想，到处都是绮丽的花海。

> 我们应该学会放开自己，学会生活，不仅仅只是为了活着而已。现在有多少年轻的都市白领为了工作牺牲了健康。有人说，有了钱还怕不健康，但他们忽略了：失去健康有再多的钱都买不回来。

寻找"须弥山"

深夜2点钟，吴宸伏案而睡。手机闹铃响了好几遍，他才揉揉惺忪的睡眼从困倦中坐起来继续工作。整个晚上吴宸都在跟自己的睡意抗争，熬到清晨5点，设计终于做完了，怕自己再眯一会儿就没办法起床了，于是赶紧洗个澡，收拾妥当后，从冰箱里拿出一罐冰凉的牛奶，咕噜咕噜几口喝下，吃了几块饼干，匆匆出门。

吴宸发现这个世界永远都有比自己更勤奋的人。他们天未亮就早早起床，为一天的生计奔忙，为此他常鼓励自己，年轻时就应该多牺牲一些时间在事业上。

吴宸是一家IT公司的产品经理，他回想几年来的努力拼搏终于让事业有了起色，但身体状况却大不如从前。一个月前他患上了失眠症，即使不是因为工作也要熬到凌晨三四点，只睡上两三个小时就要起床上班。吴宸一边开车一边不断地咳嗽,心想可能是咽炎又犯了,这几天公司事务繁忙,公司要参与一个项目的竞标,刚接到这个案子,吴宸就备感压力。公司不缺产品经理,个个能力都很强,吴宸也不甘示弱,他靠着自己的韧劲一路披荆斩棘,杀到了最前面,无论是领导团队还是产品的质量他都可以说自己是佼佼者。但是这几天他却感到力不从心,他告诉自己没关系,再坚持坚持就能挺过去。

到了公司的地下停车场,吴宸打开车门,旁边停着一辆高大威猛的奔驰G500,好不阔气。车库里一水儿的名牌车,吴宸爱车尤其喜欢越野,自己的第一辆车是丰田的SUV,买完的第一个月就召集了一群爱车的小伙伴沿着318国道一路开到西藏。回想过去,那应该算是吴宸最后一次长途旅行了,由于工作越加繁忙,房贷车贷,养家糊口,吴宸几乎每天都是马不停蹄的工作,连睡觉的时间也要被剥夺。妻子艾可常在深夜起身看着吴宸忙碌的背影在台灯下显得孤独又无力。

在偌大的会议室里,大家为了争取自己的产品能够出线,使出浑身解数,唇枪舌战,最后吴宸的项目通过了,一颗石头终于落地。走出会议室吴宸长呼了一口气,虽然竞争对手跟自己握手表示祝贺,但他心里清楚他们心中的不甘和失落。

晚上的聚会结束已经快12点,吴宸喝得有些微醉,他找了一个代驾将他送回家里。艾可为他留了一盏灯,就像往常一样,吴宸和艾可之间的话越来越少了，似乎连见面的时间都越来越少了。吴宸几乎整天都泡在工作之中，吃饭的时候想的是工作，睡觉的时候想的还是工作，他的身体和思想每天都在飞速地运动着，他多想给自己一个喘息的机会。妻子常看着他叹气，有时也会对他说，我不希望看到你累倒了，我宁可希望你能带着我和孩子住在小房子里，每天你能吃到我做的晚餐，能在闲暇之余去南方的小城看看。

　　吴宸每次都点头，眼睛却始终未离开过电脑，但奇怪的是失眠了一个月，这一天吴宸睡得格外香。早上闹钟响起的时候，他动了动疲惫的身子，却发现自己的胸腔传来一阵剧痛，深入五脏六腑，他尝试了几次，但每次起身那种疼痛的感觉都会重复一次，他发现他的背没法挺直，喘气也很费劲，于是他又无奈地躺下了。过了一会儿想起自己早上还有一个会议，但如果让自己的对手看到这副佝偻的样子岂不是让他们笑话，他给人事的Kelly打了个电话告诉他今天临时有事要请一天假，他叫妻子过来扶他起床。艾可看到他这副样子焦急起来，说要带他去医院看看，吴宸执意不去，说自己休息半天就会好，结果一上午的时间他的状况还是没有好转，反而还严重了，只要动一下胸腔就传来一阵剧痛，没办法只要去医院检查。等着看病的患者排成长龙，他坐在椅子上保持姿势不动，连喘气都要保持一定的节奏，整整一天拍片子、验血、找专家诊断，结果是吴宸患了急性心肌炎，幸亏在有反应的时候及时来观察,否则极有可能演变成心肌梗死。

当吴宸和妻子听到这个结果都吓坏了,艾可抱着吴宸说,没事,没事。但他仍能感受到艾可的身子不受控制地颤抖着。

他突然想起《绝命毒师》里面的Walter White,当男主人公Walter White把制毒赚来的几十万美金留给他的儿子想供他读书时,儿子却在电话里大声喊道,希望你快点死去。虽然人们不像那个制毒师一般违背自己的良心用赚取的钱财养活一家四口,最后却落得六亲不认。但是人们却因为过度劳累而失去健康的身体,如果因此离开自己的家人,同样犹如一个犯了罪的人,那是对自己的家人和人生的另外一种不负责。

在努力为事业拼搏这几年,他付出了汗水也付出了健康。这一年来他的体重直线下降,从前还喜欢健身,掀起袖子,还能秀出几块肌肉。而如今吴宸站在洗手间的镜子前,看着自己干巴巴的身躯和蜡黄色的脸颊,心想,原来我一直都在为了车子、房子、妻子儿女而活,却从未有过一天是为了自己。在这个过程,身为男人的责任感让他的肩膀肩负了太多的东西。

他突然很想再重走一次318国道,想行驶在广阔的天地之间看山川大河的壮丽景色。他想起几年前第一次进藏,站在冈仁波齐的山脚下看着那些虔诚的僧侣和旅人们五体投地一圈又一圈地绕着他们心中的"须弥山"……

我们应该学会放开自己,学会生活,不仅仅只是为了活着而已。现在有多少年轻的都市白领为了工作牺牲了健康。有人说，有了钱还怕不健康，但他们忽略了：失去健康有再多的钱都买不回来。

我们可能因为某些人、某些事而陷入困顿，以至于我们总是会怀念曾经的美好，抑或懊悔彼时的自我。我们时而大哭，时而大笑，时而忘我。人生的旅途上，我们步履匆匆，却经常忘了要停下来，好好地体会生命的韵味。

那些景，那些情

经常地，我们会感觉到，生活总会给人以无尽的压力。当我们每天在闹钟的催促下慌乱地穿衣洗漱，然后拿着包急匆匆地赶往公司，在路边买几口干粮对付了早餐，不厌其烦地在键盘上敲敲打打，或者点头哈腰地面对各种各样的客户、领导。一天下来口干舌燥，精神疲惫。等好不容易熬到了下班的时间，却又要因为赶绩效，不得不咬牙坚持。回家的路上，陪伴自己的是万家灯火，天上的冷月和孤独的影，但是你却只感受到自己疲惫的心以及空洞麻木的眼神。

我们如此努力的工作是为了什么？是为了能够更好地生活。

可是，现实却往往并不是这样。就拿阿九来说吧，阿九在一家外企上班，已经工作了三年多了。在这三年的时间里，她不断地用知识丰富自己，以提高自己的竞争力。奋斗的道路上肯定也是坎坷不断，问题百出。幸好她已经熬了出来。就这么被老板升了职又加了薪，手底下还管着几个实习生。只是每天重复着一样的生活，如同机器一般忙碌在工作的流水线上，这样的生活节奏又让阿九感到无可适从。是因为长了年岁，已经没有了朝气了吗？

阿九觉得自己的神经系统从来就没有不紧张的时候，就像琴弦一样紧紧地绷着。除了工作以外，她发现很多的事情都已经与自己的生活脱节了。每当她打扮得十分干练，行事果断快捷、往往能一举切中问题要害的时候，很多人都会羡慕阿九这样一个既漂亮又有能力的姑娘。可是阿九并没有因此感到快乐，因为自己已经体会不到生活的乐趣究竟是什么了。每天冲刺在两点一线，奔波在人海茫茫的马路上的时候，她迷失了，生活原来就是这个样子的吗？

有一天，因为一个案子，阿九又不得不加班加点地忙到了很晚。出了公司的门，她并没有同往常一样急匆匆地往家赶，而是漫步在夜色下的柏油路上。不知道为什么，就是没来由的烦躁。

秋风徐徐，凌乱了青丝，兀自让那份飘逸随风而去，露出光洁的脸颊。调皮的风衣也欲在这场微风中翩翩而起，却也只是拂动了羽翼未飞罢了。形式各样的汽车轰鸣，淹没了恨天高的喧闹。关掉了手机，就仿佛一个人行走在了人生的路上。

高楼大厦林立，绚烂的霓虹灯闪烁，装饰着城市的繁华。透过一个个玻璃窗，有的人在优雅地品着咖啡看着杂志；有的人活力四射，聚在一起举杯共饮，还有的人手捧着一束娇艳欲滴的鲜花，酝酿着自己的情感，准备来一场刻骨铭心的表白。他们，难得自在。一个喝醉了的酒鬼，拿着酒瓶摇摇晃晃地走被人撞倒了，兀自咧开了嘴，蹦出几个含糊不清的字眼，没人理会。

　　走过一个又一个昏黄的路灯，影子总是在不断地延伸后又倏然缩短。阿九抬眼看去，不知什么时候，已经到了自家的楼下。家家户户都点着明亮的灯，偶尔传来一两声孩子的嬉闹，让心随着夜渐渐变得静谧。阿九深吸一口气，也不管它有没有尘土，径自坐在有落叶陪伴的长椅上，仰望天空。

　　今天的月亮真是又大又亮，好像之前被谁细细地擦过了似的，还能看见圆盘上小小的树形阴影呢，难道就是那棵传说中的月桂树吗？这天一定还是蓝色的，因为在玉盘的周边还涂抹着宝石蓝样晕染的线条，而远处如墨的天边的一角也泛着深海般的余韵。如此绝色的绸缎上，点缀着几颗晶亮的星星，还调皮地向着她一闪一闪地眨着眼睛。

　　阿九从来都没发现，这夜色竟然也可以这般梦幻、这样的美。只感觉这高大深远的天空好像让整个心都随之开阔了，竟然让人联想到了古人在月下把酒临风的惬意场面。未饮酒，未曾吟诗作对，却已荡气回肠！

阿九的内心久久不能平静，不仅仅是因为这份源自于夜的震撼，还有这份久违的自在和闲适。

打开家门，阿九看着略有些凌乱的摆设深思。一直以来，自己的生活好似总也忙不过来。很多时候，自己的衣服不是熬着夜忙里偷闲清洗，就是打了包付费给洗衣店。就连吃饭问题，在公司也就一盒饭凑合了。回到了家也基本上累得"见床倒"，要么泡面、订餐，要么干脆不吃。所以家中的厨具几乎都没怎么动过，也省得刷了。封面各异的专业书籍毫无形象地摊摆在眼前，傲娇地宣告自我无与伦比的魅力。

这不是自己想要的生活，这不是一路以来自己坚持奋斗而所想要的生活，不是。阿九想。

翻出犄角旮旯里朋友专程邮寄来的绿茶，替代了咖啡，开水沏上。热腾腾的雾气从杯中溢出，不断地上升盘旋。阿九盘腿而卧，将瘦削的身子深陷在柔软的沙发，闭目。

脑海里浮现了曾经和朋友们游玩时，那酣畅淋漓的场景。一起在"豪华"的路边摊上，痛痛快快喝着啤酒吃着香得流油的烤肉串。其中那个不知天高地厚的家伙信誓旦旦地啃着啤酒瓶盖，还差点没把自己一口老牙整排崩掉。平日里那张本就长得意外的大脸也因此紧急集合，害得大家捧腹大笑，狂喷不止。不到长城非好汉，到了长城就完蛋。好几个人背着各自的大背包，一路气喘吁吁地攀爬高山险峰般的巨石，表情纠结、挥汗如雨。到达目的地后,懒懒地趴在墙沿上眺望,双目发光万分感慨,贪婪地享受着成功的喜悦,好像这辈子也就这点儿出息了……

阿九端起杯子,轻轻地吹了吹,雾气陡然改变了方向。抿一口茶,淡淡的清香就席卷了整个味蕾。很久都没有静静地品味一杯茶的美好了,如此凝神静气,将全身的疲惫也驱散了些。

关了灯,凝望着窗外的万家灯火。阿九突然觉得这份内心的宁静竟然也可以如此悠远绵长。借着微光,影子打到了玻璃上,配着另一面的喧嚣,偌大的窗户就成了一幅动静结合的画。也许,这才是生活。

看到匆匆碌碌的蚂蚁,我们可能会嘲笑,会觉得它的一生也就仅此而已了。可是回过头来看看自己,我们又何尝不是生活的搬运工呢?

不得不说,我们有时候就像是一个永无休止的陀螺,总是在追随着所谓生活的脚步,无论何时何地总是要被它所牵引。用一句老话讲,就是被人家牵着鼻子走了。我们没有片刻的休憩,没有真正地去品味生活、感悟生活。既然为了得到更好的生活而艰苦奋斗着,咬牙坚持着,那么我们也要学会真正地获得这份来之不易的成果。即便依然处在水与火挣扎的边缘,发现和感悟仍然可以点缀这份美好,从而在奋斗与幸福的陪伴下迎来事半功倍的旅行。

我们需要用我们柔软的、那颗有血有肉的内心去品茗生活的味道，去体会、享受人生的美好。只因为每一座城市，每一个乡村，每一处景，甚至一枚小小的牙签、纽扣都可以有它各自的故事，或者只是由于那气势磅礴的瀑布开阔了自己心的田野，抑或是那一孤帆碧水澄清了心窝。总之，美景真情需要我们用心来发现、感悟。而不是在匆匆流年之中，丢失了那宝贵的华光。

我们可能因为某些人、某些事而陷入困顿，以致我们总是会怀念曾经的美好，抑或懊悔彼时的自我。我们时而大哭，时而大笑，时而忘我。人生的旅途上，我们步履匆匆，却经常忘了要停下来，好好地体会生活的韵味。

有一首歌，是伍佰的《突然的自我》。这首歌曾经感动了不少人，好似唱出了大家的心声，于是乎都争相传唱，堪称经典。随着音乐节奏的起伏，让人回想这人生的一切，而一切又都将会成为过去，无论是风还是雨，不管是苦还是甜。有一种感慨与豪放，那蕴含着的潇洒情怀，令人不禁在感动中释怀。

林花谢了春红，太匆匆。我们常常奔波于车水马龙之间，或沉迷于失魂落魄之中，却忘了我们的内心，需要片刻的宁静。这份宁静需要我们去品茗生活的味道，将海阔天空纳入视野中，将爱过的人、爱过的风景，放在心里就好。莫让如此宝贵的生命，丢失了它独特的意义。人不仅要生存，还要学会生活，万不可一叶障目。只因为，我们需要等等我们的灵魂。

就像无门禅师所说：春有百花秋有月，夏有凉风秋有雪，若无闲事挂心头，便是人间好时节。

人生就像一场旅行，不在乎目的地，在乎的是沿途的风景和看风景的心情。

在旅行中给自己一段柔软的时光

旅行是一件非常有意思的事。每当咬着笔头对着几张地图，绞尽脑汁、苦思冥想地选择好目的地，整个心都开始雀跃起来，并且一种成就感油然而生。

毫不夸张地表示，这可以说成是人类回归自然的正常表现了。就好比鱼儿见了水，鸟儿出了笼一般，怎一个畅快了得。繁忙的工作，排得满满的行程，常常占据了我们大部分的时间，长期的紧张氛围也总是压抑得让我们喘不过气来。于是一旦有了可以放松的时刻，定然不能让它白白溜走。

张小丫详细地规划好了自己的行走路线，虽然只有5天的时间，但也足以让她兴奋很久。其实，早就在一个月前这家伙就开始密谋这件事了。所有旅行所需要的必备物品，包括需要多少双袜子，带什么样的鞋合适，选什么牌子的防晒霜，等等，一一详细列之。整张A4纸都被排布得整整齐齐、密密麻麻的。

别的先不说,就说那个五彩斑斓的旅行包吧,难以想象她竟然也花了一个月的时间才挑选好。无论是户外实体专营店,还是网上的各大旅游用品旗舰店,都没能逃过张小丫的法眼,甚至她还达到了一种走火入魔的高端境界。

就说有一次,她和人约好了一起吃饭。前去赴会的路上,她突然发现一家店里的背包很有特点,于是就一头扎了进去。店里的设施以及装修都很到位,还陈列着许多稀奇古怪的小装饰。咦,怎么找不到那个背包呢。她寻着自己方才看到的角度,走到店内窗户的一角,赫然发现一件偌大的蓑衣披挂在墙面。借着从外面投来的阳光,旁边的一枚珠花反射出耀眼的颜色,恰好映到了蓑衣之上,棕墨色的背景配着鲜亮的点缀,的确令人眼前一亮。张小丫有点蒙,出了店门,又跑到窗户前仔细查看,真真的是光线与阴影的巧妙错位啊,再抬头看看人家门头上的那块招牌——藏品店。隶书书写的三个烫金大字,在凌乱的视线里熠熠生辉。

真是可惜啊,一眼就看中了呢。张小丫失魂落魄地走在街上,假想着自己背上炫酷的行囊漫步在山野之间,那该是件多么有趣的事情,想想就激动。唉,不着急,慢慢来。于是,这看看,那瞅瞅,全然不知道自己出门的时候就已经快到约定的时间点了,等到她突然反应过来的时候,再翻出手机竟然有5个未接来电……小伙子也实诚,守着一杯水生生等了一个多小时。

出发的日子天朗气清，阳光为大地铺洒下炽热的光辉。高楼林立，另有无数花伞点缀，煞是好看。张小丫背着心爱的旅行大包，一身干净利落的休闲运动装，顶着范气十足的波波头。一副大气精致的黑色墨镜将脸色衬托得更加白皙，鼻翼挺直，小嘴嫣然。

　　跟着同行的人，张小丫一路驾车到了太行山脉的通天峡谷。当他们快到达目的地的时候，已是傍晚时分。但是明显感觉到，这天似乎比平常黑的早了。远远望去，雄伟奇特的山峦就笼罩在一片水雾之中，树木郁郁葱葱。只是这天色变得愈加暗沉，暗沉得都要滴出水来。几分凉意透过单薄的布料，渗进皮肤。

　　水就这么在不经意间从上空落下，好像有个巨大的筛子漏掉了无数的金银宝藏。湿漉漉的地面，成就了一片泥泞，汽车抛锚了。倾盆的大雨，肆无忌惮地泼洒，哗哗地砸在人的身上。

　　张小丫没想到会遇到这样的情况，整个人都已经淋成了地地道道的落汤鸡。修剪得体的发型没有了，发丝混了雨水黏在脸上。因为地滑，刚才还不小心摔了一跤。全身都被硬生生地裹上了一层泥浆，还接连不断地顺着衣服往下滴落。纤细修长的手也被划出了血痕，总之，要多狼狈有多狼狈。

　　几经辗转，终于得以顺利前进。因为路况特殊，大家只能在当地寻了几间屋子，草草地收拾了，住下。屋子不仅小而且相对简陋，一张单人床，洗得发白的床单铺在上面。一个掉了漆皮的大桌子和一把矮小的椅子就这么凑了对儿，真是神一样的搭配。

张小丫重重地放下自己的行囊，坐在硬板床上，呆呆地看着手心细细的伤口，眼泪就像断了线的珠子，怎么收都收不住。为什么总是会状况百出呢，好不容易能够出来散散心，就这也不能让人消停一会儿吗？

张小丫可以说是一个十分优秀并且十分好强的人，每年的年终奖让同事们羡慕不已。但问题是，她并不如表面上那么光鲜。公司里的很多事物，都需要她帮忙安排处理，包揽着人事部不少的活计。不过，很多时候还真是众口难调，被人家鸡蛋里挑骨头也是常有的事。顶头上司是一个中年妇女，公司大大小小的事物都需要她来一一过目。在上司的眼里，自己仍然有很多不足。面对竞争对手，也是需要时时刻刻的提防着，生怕一个不小心就被人家占了先机。手机几乎从来都是静音的，生怕扰到了别人，也惊到了自己。寒来暑往，冷漠便成了最好的武装。

直到有一次，从小小的风寒变成了重感冒，外加长时间的劳累，张小丫算是病倒了。在这段时间里，整个人的状态一落千丈。每天头晕脑胀，全身酸软乏力。可即便如此，该操心的事一点都没少，反而还横生枝节。没有父母在身边的嘘寒问暖，也没有朋友在身边的真情问候，有的只是一堆怎么也处理不完的麻烦事。前所未有的孤独无力感充斥着内心，一切都好像一个巨大的牢笼死死地扣住了如困兽般的自己。她也不敢向二老打电话诉说自己的悲伤，从来报喜不报忧。只是压抑，压抑，还是压抑。

张小丫向上司争取了5天的假期，准备好好放松，呼吸下清新闲适的空气。没想到刚来到这个颇负盛名的地方，竟然也会遇到问题。这不，不仅狠狠地淋了一场大雨，还擦伤了手、啃了一嘴的泥。

天色稍稍清朗了些，雨势也变小了，但还是稀里哗啦地下着。雨水从房檐落下，形成了一排排均匀分布的水帘。水滴打在石板上，在灯光的照射下，变成了一个又一个七彩水泡，接连浮起，又突然崩裂消失，剩下细细的水花四溅。

房门被人敲响，打开一看是那个淳朴的女房东。房东告诉她，听说大家之前都淋了很久的雨，小店简陋也没啥可招待的，所以就给每人送上一碗姜汤，这可是自己亲自熬的，不够前屋还有。送走了女房东，张小丫愣愣地看着手里的碗，不知所措。这时候，门又被敲响了，原来是同行的那个姑娘。"你好呀，刚才看见你手破了，正好我这里有治擦伤的药，给你。还有，你叫什么名字，我能和你说会儿话吗？"看着眼前的姑娘充满了期待的大眼睛与微笑，张小丫点了点头。

张小丫从没想到，能和一个陌生的姑娘相言甚欢。一路上，张小丫或步履匆匆，或目不斜视。即便和大家共同前行，几乎也是十分沉默的那一个。是的，习惯了。这个小自己三岁的姑娘竟然还说"一开始看见你，我就感觉你是一个十分干练、有能力的人。只不过你的节奏真是太快了,总是很急切的样子。虽然我好几次都想和你打招呼,但是又因为怕打扰你而放弃了。""明天咱们一起去爬山吧,这样才有意思啊!"……

第二天,天很早就亮了,太阳也露出了笑容。收拾行李的时候,张小丫才发现桌角干净的玻璃瓶里,插着一束小野花,如此简单、漂亮充满生机,细嗅之下,淡淡的芳香让嘴角不自觉地勾起。

不曾想,大家竟然都这么活跃呢。不知道怎么回事,前一天还略有些沉闷的气氛,到了今天突然就变了样子。除了领队,也有几个人过来搭讪,旁边的小姑娘倒是爽快,拉着自己就奔向了巍峨的群山。

这时节游客不少,山环水绕也消去了很多热气。有气势浩大的瀑布一泻千里,也有小泉悠悠细流徐徐;山谷险峻、雄壮而清幽;碧水涟涟、秀美而清澈;溪水潺潺,草木蓊郁,满山遍野的苍翠让人目不暇接,可谓山清水绿,空灵透彻……

大家爬山路,走悬梯,一个个心情高涨,欢笑不断。漫步在石头小径,张小丫感受到了不同于往日的美好。此时此刻的心境很是开阔、全身舒畅。身心的放松、压抑的释放,驱赶了彼时的阴霾。

通过这次经历,张小丫学到了很多,再次回到自己的工作岗位上,虽然只是细微的变化,却如无声的龙卷风般,清扫了杂尘。很多事情已经悄悄地从量变转化为质变,甚至连自己的上司都能感受得到这种不一样的氛围。

张小丫还总结出,生活处处有美景,重要的是发现美的眼睛和永不甘于沉沦的心灵。

经过多年的打拼和磨练,有时候我们也会变得麻木,缺少了那份怦然心动的情怀,以及欣赏景色时的那份惬意,好像什么事情都是高效率、超快捷的样子。这样的节奏往往会让生活变得毫无营养,并且十分枯燥毫无乐趣。甚至我们自己都不知道,自己已经陷入了一种单调的频率中,不断地重复着固有的模式。

这其间,很多人也是越磨越锋利,待人处世也颇为严厉苛责。只是,繁华落尽竟也是倍感孤独沧桑。有的人兜兜转转于没有硝烟的战场,在扑朔迷离中失去了方向,仿佛身处在迷雾林中,丢失了指南针,在昏暗沉沉、光怪陆离的环境下独自感伤。

请问,何必让自己这般忙碌、这般生硬、这般痛苦呢?

是的,为了我们的人生理想,为了我们不断要达成的目标,我们需要去拼搏去奋斗。但即便如此,我们也需要心灵上的升华与休憩。人常说,心脏是身体的发动机。同样,心灵的灌溉必不可少,因为它也是灵魂的指路明灯。

记得有句广告词这样说道:人生就像一场旅行,不在乎目的地,在乎的是沿途的风景和看风景的心情。

人生确像是一场旅行,只是我们在不经意间,就错过了身边的鸟语花香,鱼虫争竞,以及那美好的人和事。将心静下来,打开枷锁,去聆听那天籁之声吧。在旅途中,给自己一段柔软的时光。

如果你还迷茫着,那首先就来一场实际的旅行,放松下这紧张兮兮的脑子,舒缓下紧绷的心弦吧。

> 人生的道路本就简单，或风生水起或寸步难移；人生的道路本就复杂，或充实了灵魂或虚度了时光；人生的道路本就善变，或短或长。

再美的旅途，也抵不过回家的那段路

曾经，很多父母都不愿意自己的孩子落后在人生的起跑线上。但是随着时间的推移，在这场激烈或者夸张的白热化的角逐中，人们又往往忽略了这其实也是一条平行线。因为，每个人都有各自的人生，每个人都要踏上属于自己的征程。

人生的道路本就简单，或风生水起或寸步难移；人生的道路本就复杂，或充实了灵魂或虚度了时光；人生的道路本就善变，或短或长。

错综复杂的线路，旁生的枝节岔道，眼花缭乱的糖衣炮弹，荆棘遍布的举步维艰，这一切的一切接连不断地迷惑、困扰着人们的内心。这是每个人都要或多或少的接触、面对不可避免的情况。就如深夜暗海的船帆，有的人就在这层层云雾中迷失了方向，甚至丢失了指引航向的司南。

台湾女作家简嫃曾这样写道：总是向往一处可以憩息的地方，好让你卸下肩头的重担。有人叫着你的名字，像百年榕树永远认得飘零的叶子。

啊，家的感觉或许很简单，不管飘荡多少年，衣衫如何褴褛，老宅旁边榕荫下，有一块石墩让你小坐，下弈的老人数算将士兵马，还不忘告诉你，这儿有冰镇的麦茶。

没有人攻诘的过往，古井流水依然清澈，你可以洗愈炎凉江湖烙在身上的伤疤。你无需在恶意的诋毁中像奔跑的小鹿，亦不必沉溺于浮名如迷途的羔羊。你只是一个愿意关爱他人也被呵护着的人，你是春雀的同伴，流云的知己。

月亮照耀青窗，窗里窗外皆有青色的光。不管远方如何声讨你是背信的人，月光下总有一扇青窗，坚持说你是唯一被等待的人。

如此温馨的文字，扣动着心弦。长期奔波于纷繁复杂的人生道路上，没有人总是一帆风顺的。数不尽的沧桑，话不尽的炎凉。时光将烙印留下，岁月将暖情拾起。回眸的一刹那，发现温暖如家，融化了全身的积雪，却让这份爱在时间的简史里愈久弥深。

品尝了苦涩，回味了甘甜，历经了酸甜苦辣，可终归还是要忆起家的美好，铭记故乡的味道。那是人生的灯塔，是生命的港湾。无论漂泊多久，它终是我们命运的罗盘。这里记录着人生中最无忧无虑的时刻，典藏着那最为敦朴淳厚的情感，同样也是羁旅情感与灵魂的源泉。

席慕容这样描述自己的乡情：故乡的歌是一支清远的笛，总在有月亮的晚上想起。故乡的面貌却是一种模糊的怅惘，仿佛雾里的挥手别离。离别后，乡愁是一棵没有年轮的树，永不老去。

余光中这样诉说自己的离肠：小时候，乡愁是一枚小小的邮票，我在这头，母亲在那头。长大后，乡愁是一张窄窄的船票，我在这头，新娘在那头。后来啊，乡愁是一方矮矮的坟墓，我在外头，母亲在里头。而现在，乡愁是一湾浅浅的海峡，我在这头，大陆在那头。

独在异乡为异客，每逢佳节倍思亲。无论是通达显贵，还是潦倒穷厄，亲人与乡情就好似这寒冬腊月里的篝火，照亮了胸膛，暖热了心窝。看过了世间百态，领略了人走茶凉，怎能不让人追寻那最为真诚的美好？

这好比清泉之水，洗涤疲倦的心；好比永恒之灯，指点前行的路……

还记得1999年春节联欢晚会，一首歌红遍了大江南北，被人们争相传唱。毫无疑问，就是那首《常回家看看》。

那时节，不知这一首歌到底唱出了多少父母亲人的心声，竟令满堂涕泪。没有华丽的辞藻与修饰，轻缓平和的旋律贯穿首尾。简单的词句看似家常碎语，却饱含质朴的真情。一句常回家看看，是爸妈的呼唤。一句团团圆圆、平平安安，便是爸妈的最衷心的期盼。每每想起，仍朗朗上口。只是，总在不经意间湿润了眼眶，哽咽了一江之水。

这又何曾不是人生的呐喊呢？

有时候，我们可能会坐在一家茶餐厅里，对着一杯摩卡怅然若失。说不出是什么感觉，却让自己久久不能安宁。有一种树欲静而风不止的焦躁，令我们生嗔介怀。漂泊、凌乱以及无止境地奔跑，疲倦了、蒙蔽了、阻挡了心门。我们总是要飞得更高，好让自己看得更远。可是，却高得让我们不易去探寻那来时的路。

服务员上来一份牛排或者甜点，看着眼前食物那精致的样式，散发着浓郁、熟悉的香味，你却失去了去品尝它的那份欣喜。回到了家，开启一瓶妥善珍藏的陈年佳酿。杯口细闻，馨香如故，却怎么也品不出那份醇美。

翻开手机，调出很久前的相册。没想到里面竟然还有自己笑得如此之傻的图片，嗯，这是母亲拍的。图片的一角还有一盘母亲特意做的红烧肉，色泽鲜亮，块块香润。只是，已经有多久没有吃了呢。是觉得肥腻吗？还是有多久没有回家了呢？

突然，又想起了母亲的清蒸鱼、白斩鸡、菌菇汤，还有那地地道道的煎饼沾上调好了的蒜汁儿的味道。母亲的饺子个个都是薄皮圆肚，刚一下锅就让人迫不及待地想捞上来狼吞虎咽。小咬一口，香浓的味道立即席卷了味蕾，此时连带着鼻子的呼吸都是一种享受……

原来，那是一种亲亲念念的想，那是一种真真切切的追寻。金钱名利终究比不过那份真挚、淳朴，那是一种力量，承载着这人世间最宝贵的东西。有了它，你才不怕迷失，才能尽情翱翔。

因此，在与家人团聚在一起时，也请放下手机。沟通永远是生活的润滑剂，它可以打通你人生的任督二脉，让你不再毫无头绪，困顿不前。与父母在一起的时候，不要过分专注于电视，痴迷于上网。或者一起散散步，或者一起品品茶，或者只是待在家中与亲人敞开心怀，来一次久违的畅谈。你会发现，即便是再艰难的生活也充满了希望与动力。

天涯海角，莫忘乡土。它能在你骄傲的时候，告诫你的浮躁；它能在你丧失信心的时候，给予你强大支撑；它能在你受伤的时候，治愈你的伤痕。

家可以说是本，是一个人能够独自坦然面对生活而不致迷失了的本。家乡故土，给人以心灵上的抚慰，如细语喃喃，指点迷途的游子，好让那痴儿守得云开见月明。

我们要不失本心，并时刻铭记自我的理想与追求，这样才能在这混乱的战场中占有一席之地。同样的，无论身处何时何地，都要回归本心，守望人生的灯塔。有了它，才能找到你的航向。

因为再美的旅途，也抵不过回家的那段路。

常怀感恩，常念故土，守得一方净土，共勉人世浮华。

正所谓：远志，当归。

旅行的意义，不是逃避，不是躲藏，不是获取，不是记录，而是在想象之外的环境里，去改变自己的世界观，从此慢慢改变心中真正觉得重要的东西。

走出去，秀出一个人的浪漫

曾经，当我们还在自我的世界游弋时，我们对另一个世界充满了向往，我们把不同于自己目前生活的种种，加上了梦幻的色彩，于是，等待和期盼，成了成长中最甜蜜的糕点，我们知道，终究会有那么一个人，可以让我们交付终身，可以让我们吃上蛋糕上那块最美味的奶油。

于是，千山万水地奔赴，快马加鞭地找寻，时光在你还未停歇的时候，已经悄然拿走很多东西，比如青春、比如美貌、比如一颗缱绻柔软的心。慌忙中，跃进一个没来得及看清楚的围城，那里也有桃红柳绿，那里也有春暖花开，一头扎进新生活，忘乎所以，一切正好来得及，一切正好开始。

然而，生活的真相往往是残酷的，就算我们小心翼翼地浇灌着那些曾经艳丽的桃花，一次又一次地轻抚那些碧绿的垂柳，它们依然开败了,它们依然枯萎了。我们惊恐地发现,曾经向往的生活,已经开始有些面目狰狞,曾经期待的爱人,眼神已经游离,我们开始紧张,我们开始埋怨生活,如困兽一样焦躁,像无头苍蝇一样乱窜,在每个人面前苦着一张脸,没完没了地诉说生活的种种不是,我们完全不知道,自己该用怎样一张脸,来面对未来。

思思是个美女,是在人群中很扎眼的那种,所以,自然而然,她有了一个很扎眼的丈夫以及很晃眼的婚姻。尽管拥有美貌,但因为深受家庭教育的影响,思思的骨子里,传统而保守。在她的眼里,丈夫就是一切,家就是她全部的天地。所以,思思是个忙碌的女子,她所有的忙碌都是围着家和丈夫,谁叫老公是当地的首富,要命的是,还有才有貌,思思觉得很满足了。富有的生活、英俊的老公,让思思听尽了世界上所有的溢美之词。这些词叠加起来,思思清楚地看到自己的生活,怎是一个"幸福"就可以来形容的,"应该是幸福得有些不近人情"。思思常常会这样自嘲曾经的生活。

丈夫给思思的,的确是一切世间女人都想要的生活,富足踏实、绚烂浪漫。起初,他花大把大把的时间和她在一起,一起低语一起欢笑,那一刻,思思清楚地知道,她是他最爱的女人,没有之一。于是,他们有了孩子,有了一个令人羡慕的三口之家。然而,这样的幸福生活,也需要思思付出别的人看不见的代价。

因为，他总是很忙，永远有没完没了的应酬，永远有签不完的合同，和他在一起的日子，仿佛动了手脚的沙漏，快得让人怀疑。这样也罢，这世间哪有事事都能如自己想象中那般完美。思思安慰自己时，总是能找到很好的理由。

随着生活的极速推进，一个猝不及防的趔趄，让思思惊觉幸福背后的暗涌一直都存在。事先，那些不明不暗的传说并没有让思思多想，她知道，他这样的男人，注定会被他人觊觎的。然而，随着一个女人的出现，她开始发现，自己的婚姻将要面临着重新洗牌的可能。于是，惊恐的思思，变得更没有了自我，她如章鱼一样，伸出全身所有的触须，牢牢地攀附在他身上。她查他的手机，她嗅他的衣服，她跟踪他的行程，对他身边的所有女人，她都用一种戒备的眼神审视着。怀疑和不安，如生长茂盛的藤蔓，慢慢地往他身上攀爬缠绕，他开始反感然后动怒，最后是出逃。

思思更加忙碌，她不停地进出美容院，不停地在商场流连忘返，不停地在各种好太太培训班学习，只因为怕失去他，怕失去这个家，怕失去她所拥有的一切。她要让自己变得更好，这样才能更好地取悦他，哪怕是失去了自我，然而，这一切，仍然没有拉住他那往外迈的脚步，他们开始不停地争吵，激烈如自焚般。面对思思的哭诉，他冰冷地对她说："这样的生活令人窒息，放了我，等于救赎了彼此！"思思第一次在他的脸上，看到了深深的厌恶，从他眼里，看到了自己残败的模样。思思绝望了，她是如此努力地维护着这段看起来如童话般美好的婚姻，最后还是以失败收场。

当他提出离婚时，思思仿佛天都踏了下来，一切美好瞬间从眼前消失，她怎么也想不通，曾经那么恩爱的两个人，怎么说不爱就不爱了呢？他说，受不了她整天紧张和无端猜疑，受不了这样没有自我的爱……再多的解释，都改变不了结局，任凭思思怎么苦苦哀求，最终，她还是被踢出了局。失去天的思思把自己关在屋子里整整一个月，被泪水浸泡一个月后，她走了出来，胭脂水粉被扔到了窗外，香奈儿巴宝莉统统送了他人，一身素衣，一脸洁净，简单的行李里，装有一颗亟待修复的心。

一路走走停停，遇到各式各样的男人，虽然出发前在心里狠狠地对自己说："去艳遇，无数次！"但是，终究因为没有那个胆子，和传说中的美好一再地擦肩。然而，令她感到高兴的是，从前的自信在一点点地回到她身上，而走出来后，她才发现，原来这个世界除了婚姻，还有生活，还有旅行，还有遇见。

领略了洱海的美、丽江的艳、大理的旧后，思思遇见了让她开悟的一个故事、一道菜。和在路上遇到的朋友们一起，在一家具有当地特色的饭店里，看到一道名叫"浪漫独秀"的菜，一行几人，不约而同地点了这道名字听起来有些浪漫的菜，每个人都抿着嘴心想着，这将是一道怎样与众不同的菜品。然而，眼前一盘翠绿的蔬菜颠覆了所有人的想象，原来，这个极具风韵的菜，只是一盘红绿相间口感脆生生的蔬菜。

或许见不得大家的失望，店主放下手中的活儿，亲自泛舟泸沽湖畔，在一个无人问津的角落里，只见眼前一片片洁白的花儿，清秀脱俗，娇小玲珑，随着碧波荡漾着，仔细探去，发现水下有一些隐隐约约的藤蔓。原来就是它们在支撑着水面上的娇柔和清丽，那袅袅婷婷的身姿，灵动婉约的模样，很是惹人怜爱，它们自顾自地开着，没人欣赏，却开得异常灿烂，仿佛它们从来就不为别人绽放，只为自己没有白来世间一趟。店主告诉她们，这就是"浪漫独秀"，所有人都惊呆了，这个浪漫的名字背后，竟然是如此不起眼的小花，和它那温馨的名字，竟然相差如此之远。思思在那一刻突然明白，原来我们看到的，往往不是我们所真正知道的。生活的本真，需要我们去深入地发现、去追寻，结果，常常是出人意料的。

思思就这样一个人，慢慢地走，慢慢地发现，一个人的旅途，她开得热烈芬芳。她给朋友发信息说："我要做一个'浪漫独秀'的女子，开出属于自己最独特的洁白，不为别人，只为自己。"在途中，她遇到很多故事，她感受了很多人的生活，她开始用笔写下他们的心情，用相机记录下他们的向往。从一段段旅程中，思思发现，原来世间还有很多美好的事等待着自己去发现，从前总是那么匆忙，忙着去探视他的内心，忙着去插足他的世界，深怕看不到自己的痕迹。因为忙着取悦他，思思完全忘了自己想要的，也从未停下了问问自己想要什么。

在这场追寻自己的旅途中，思思去了西藏，认识了一位在西藏开旅店的老板娘，她们一见如故，相同的经历，让两个人很快成了无话不谈的好友。老板娘告诉思思，现在思思所经历的一切，就是她曾经走过的路，她甚至因为失去婚姻而自杀过，然而，在她辗转旅途中时，才发现，从前认为比生命重要的东西，其实并没有那么重要。终有一天，一切都会成为过去，你只需要给自己一段旅途，认真地感受你所经历的每件事，慢慢地，你就会发现，生活里没什么大不了的，一个人同样也能活得很精彩。思思想起曾经看过一本书里说："旅行的意义，不是逃避，不是躲藏，不是获取，不是记录，而是在想象之外的环境里，去改变自己的世界观，从此慢慢改变心中真正觉得重要的东西。"此刻，她觉得最重要的不是失去的那个男人，而是自己，一个独立的自己。

人生是一趟旅程，有的人，注定只能陪我们走一段路，也有的人，在陪我们徜徉人间美景后突然消失。总有一段时光，是需要我们自己一个去剪辑，总有一段路，需要我们自己一个人去走。两年的时间里，思思一个人去了很多地方，在不同的山尖，看了日出的壮美，在不同的小溪，触摸过雪水的冰凉。在一次又一次的开始和到达间，她看到了不一样的自己。她尽情地怒放着自己的芳香，展示着自己沧桑过后独特的韵味！

婚姻是什么？是一个本子上，两个人的名字排在了一排，被一个红色的印章压着，一辈子不离不弃，哪怕是不再相爱。我们盼望着两鬓斑白时，那个陪着自己的人，依然是红本子上的那个人，然而，世间一切充满变数，总会有些伤痛是猝不及防的，那个曾说要陪我们到终点的人，总会有千种万种的理由，让你一个人走。既然注定有段路要自己走，那么就让自己走得精彩无畏些，婚姻是，爱情也如是。

张爱玲当年对胡兰成说："我已经不喜欢你了，你是早已经不喜欢我的了。这次的决心，我是经过一年半的长时间考虑的，彼惟时以小吉故，不欲增加你的困难。你不要来寻我，即或写信来，我亦是不看的了。"张爱玲能做到对爱情的决裂，大抵是胡伤透了她的心，所以离开了胡兰成，开始了全新的自己。

什么是美好的生活？是能顺从本心去生活，跟随自己的感觉，做想做的事，爱想爱的人。美好不是想要什么就有什么，而是有所取舍并坚持过有美感的人生的过程。而成熟的标志就是，在外面经历了伤痛后，依然能向生活摆出喜悦的姿态。

一个人可以在旅途中成长起来，旅途的意义不仅带给人们美丽的景色，也让一个人开阔了眼界，从根本上改变自己的视野。人生的旅程，无论是一个人还是有人陪伴，我们也要学会自己浪漫，不为别人，只为让自己竭尽全力地绽放一次。

去开始一段真正属于自己的旅程吧，去发现、去超越，去感知一个完全不一样的自我。婚姻里那些曼妙的风景，也需要我们慢慢去领略。

"身体和灵魂，总要有一个在路上。"走吧！

在我们短短长长的人生里，抽出最美好的一段时光，慢慢地去虚度，不被瞩目，不被打扰，关闭好窗门，没有欲望，没有杂念，去做自己喜欢做的事，哪怕这件事在别人眼里，没有任何意义。遵从自己内心的意愿，就是最美好的生活，哪怕是虚度光阴！

把美好的时光拿来虚度

木心说，从前的日子变得很慢，车、马、邮件都很慢，一生只够爱一个人。不知道从何时开始，我们总是怀念从前，仿佛自己很老很老了。一览铜镜，发现镜中人依然是青丝童颜，我们正当年少，却深刻地想回到过去。过去，我们的物质很贫乏，我们的生活很拮据，一件衣服，要盼好几个月，有时候甚至到了新年，才能从裁缝那里取回。一颗糖，也要攒好久的钱，才能从商店里小心翼翼地捧回来。我们等待一封情书时，等待的时间是那么那么久，时光是那么的绵长。当我们拆信时，也尽量把这个动作延长，就像我们能把甜蜜一再拉长一样。从前的我们，似乎总是那么快乐，漫长的时光，成了我们最美好的回忆。

身在快节奏的今天，很难拥有一份慢下了的心，无论做什么，我们唯一的要求是"快"。吃饭要吃快餐，坐车要坐快车，看新闻要看资讯快车，学习要快速入门，生怕慢一点，我们就会被这个世界抛弃。总是感觉时间不够用，总是有做不完的工作。每当想歇息的时候，别人却甩给我们一个拼命的背影，于是，不敢放松自己，被世界裹挟着前进。我们忙，忙着住更大的房子，忙着开更好的车子，忙着让孩子上更好的学校。可是，我们却忽略了晚归的月光下，那个愈发疲惫的身影。看着忽明忽暗的影子，真心问自己一句："累了吗？"

或许，我们该慢下了，试着给自己放一个"微假期"，把我们的青春韶华拿来虚度一把，给自己没有目标的一天，不用听闹钟起床，不用按时吃饭，不用熬夜。我们可以靠着墙根，慢慢地数着眼前路过的影子；我们可以和一群老人，在巷子口打牌，等着他慢慢地数够自己手里的牌；我们还可以看着两只小狗打架，不帮任何一方。在最美的时光，我们就这样毫不心疼地拿来虚度一次吧，就当我们拥有了一次小小的"迷你退休"。

秦刚是一家上市公司的部门经理，年方三十五，却常常感到头晕脑胀、四肢无力，有时候还力不从心，不过，他是不会把这些小毛病放在心上的。况且，他的工作也没时间让他把这些小毛病放在心上。然而，上天似乎有意和他作对，正当他和几个经理竞争副总这一职位时，突然有一天，他竟然无缘无故摔倒了，被送进医院，经检查为脑血管堵塞。医生说，其实，这样的病以前一般都发生在老年人身上，可是现在越来越多的年轻人也得了这样的病，大多都是因为长期饮食不规律，大量地饮酒、熬夜，再加上过大的压力造成的。医生还说，幸好送得及时，否则可能引起中风瘫痪。

听完医生的话，秦刚惊出一身冷汗。试想一下，如果自己真的瘫痪了，那老婆孩子该怎么办？孩子才刚上幼儿园啊！出院时，医生又慎重地对秦刚说："机器用久了，都需要停下来检修，人也一样。试着给自己一个检修期，这样，你也就会有一个全新的状态。"

秦刚开始重新审视自己的生活。这么多年来，从学校毕业后就没完整地给自己一个假期，每天累得连喘息的时间都没有，整颗心被各种文件各种会议填满，好像从来没有关心过妻子每天在灯下守候他的焦虑，也没有投入地和女儿做一次游戏。看着身边娇媚的妻子和可爱的女儿，秦刚不由得生出了愧疚感。他知道，他欠妻子的是一个好丈夫，欠孩子的是一个好父亲。

盛夏，秦刚带着妻子和孩子来到了具有"世界公园"之称的瑞士。瑞士是全球经济最发达的国家之一，人均生活水平也是全球最高的。但是，这里的人们，却非常懂得享受生活。这次，秦刚来瑞士一来是度假，二来是为了拜访当地一位非常有名的经济学家。可是，等秦刚经过多方打听后才发现，人家退休了。这可让秦刚惊讶不小，要知道，这位经济学家可不是七老八十，而是一个正当盛年的青年学者。"难道瑞士人退休的年龄提前到40

岁?"带着这样的疑问,秦刚和当地的朋友聊了起来。听完秦刚的问题,当地朋友哈哈大笑起来,他解释道,此退休非彼退休啊!秦刚急切地说:"退休就是退休,那里来这么多彼和此的,赶紧说说,到底是怎么回事?我还有很多问题要请教他呢。"

原来,近年来,在欧洲很多发达国家,流行着一种"迷你退休"。所谓的"迷你退休",就是休假长达3个月以上的生活,在这一时间段里,你可以彻底不工作,和老年人的退休生活一样,去国外度假,开阔自己的眼界,也可以利用这个机会去进修,以此提升自己,还可以尝试去实现自己的梦想,明白自己真正想要的生活是什么。如果身体有问题的,也可以趁此机会,好好地给身体来个大检修。总之,这样的退休,不是真正的停滞不前,而是养精蓄锐,为了更好地前进。

言至此,秦刚彻底地明白了"迷你退休",也被打动了。他要求自己不再去想工作的事,也不再去查看邮箱是否有重要的邮件,他也要给自己来一个"迷你退休",把这美好的时光都消磨在闲逛、看电影、爬山这些看似没有意义的事上。"我们要把最美好的时光都拿来虚度!"秦刚搂着妻子愉快地说道。

于是,秦刚带着妻子和孩子去了卢塞恩。那里有美丽的田野,迷人的乡间小路,壮丽的雪山,古老的城镇。他们还去了日内瓦、阿尔卑斯山脉。有时候,他们哪里都不去,就躺在酒店的阳台上晒太阳;有时候,也会去教堂聆听来自心灵的声音。他们就这样，把自己彻底地融入在这段悠闲的时光中。

金话筒美女主播宁远，曾写了一本名叫《把时间浪费在美好的事物上》。在这本书里，她用缓慢的语气讲述着对生活的热爱。不迎合当下的生活观念，用一种淡定从容的心态去做自己喜欢做的事，种植蔬菜、缝制衣服、带两个孩子。每一件事，看不到耀眼的成绩，每一件事都是那么平淡无味，然而这些看似无聊的事，却让她更看清生活的本质。一个人，能坚持自己内心所想的，并去付诸行动，是多么难得。要知道，曾经的宁远，头顶上有太多的光环，她曾经担任电视台记者、编导、主播、制片人，获得过中国主持人最高奖"金话筒"奖，2008年地震期间连续三天三夜坚守直播台，悲悯之情感动亿万观众，被称为"最美女主播"。

"主动放慢脚步，一开始可能很艰难，但是一旦做了就是无比坦然的选择。"宁远在她的博客里说道。从纷乱繁杂的世俗里退出来，退到生活的最里层，从而发现自己。最后你会发现，这样的选择才是最适合自己的。

云朵是一家杂志的总编。一开始，云朵很是喜欢这份工作，因为她喜欢和文字打交道，每天虽然要面对海量的稿件，但是她从不觉得有压力，每一篇稿子，她都认真地查看，认真地回复每一位作者。云朵常常对同学说，能找到一份自己喜欢的工作，对自己的心灵来说，是一件功德无量的事。慢慢地，随着她的努力,她从编辑干到了副主编,然后主编,最后总编。这一路的飙升自然让云朵欣喜不已,然而随之而来的问题也摆在了她面前,她再也没有从前那份恬淡的心,静静地去读一篇稿子,体会作者写稿子的心境,更多的是,她忙着策划选题,忙着杂志的销量,忙着和各个老板的应酬,那份单纯的快乐,似乎再也找不到了。云朵很是苦恼,她觉得自己想要的生活不是这样的,可是几年下来,她就陷入在这样的生活里,她不知道自己这么忙碌究竟是为了什么?豪车和大房子还有奢侈品,都不是她的最爱。在这个快节奏的生活里,云朵更多的是迷茫。

一日,她在网络上看到80后小夫妻隐居山林的帖子,她突然豁然开朗,仿佛在黑暗中看到黎明的曙光,自己想要的生活不就是"采菊东篱下,悠然见南山"吗?该真正地去过一段自己想要的生活了,云朵对自己这样说。这个想法,也得到了老公的支持。云朵老公是IT工程师,工作地点相对自由,所以,他也愿意跟随云朵去想去的地方。于是,得到老公支持的云朵,毫不犹豫地辞掉了这份薪水不菲的工作。他们在郊区租下了一个大大的农家院,几间平房前,有个很大的院子,房子旁有一大片的桑树林,云朵一瞬间就喜欢上了这里。特别是那些桑树,上面有大颗大颗的桑葚。云朵记得小时候去乡下爷爷家,整天坐在桑树上吃桑葚,小肚子吃得滚圆还不想下来。想起小时候的情景,云朵不禁有些伤感,真是越长大越难体会到快乐了。

看到那茂盛的桑树，一个想法在她脑海里闪过，她要养蚕。曾经在纪录片里看过蚕，云朵太喜欢慢镜头下蚕的生长、吐丝、织茧这个过程，蚕那种缓慢优雅的姿态深深地吸引着她。于是，说到做到的云朵，去当地老乡那里弄了些蚕宝宝来，每天去院子里采摘最鲜嫩的桑叶，然后看着它们一点点地变胖，变透明，从褐色的嘴巴里，吐出亮晶晶的蚕丝。每天，她什么都不做，就是看蚕吃桑叶也能看一天。她在写书，但是却从不规定自己什么时候写，每天写多少。更多的时间，她在看蚂蚁打架，去菜园里捉虫子，去梨花树下躺着晒太阳，或者漫山遍野挖野菜。日子过得缓慢而平静，她常常会在夕阳下忘记自己从哪里来，她甚至觉得，自己生来就是这样的人。

有朋友看到云朵的生活，谴责她说，把大好时光都浪费在这些无聊的事上，真是没有上进心。云朵反驳道，这样美好的时光，就是要拿来虚度，人生才算是完满，我们为什么要不停地追逐？不就是因为想过自己想要的生活吗？我现在的生活就是我想要的，每一寸光阴，我都愿意让它这样慢慢溜走。

印度"圣雄"甘地说："人生不是通过加速就能体会到更多的。"在我们短短长长的人生里，抽出最美好的一段时光，慢慢地去虚度，不被瞩目，不被打扰，关闭好窗门，没有欲望，没有杂念，去做自己喜欢做的事，哪怕这件事在别人眼里，没有任何意义。遵从自己内心的意愿，就是最美好的生活，哪怕是虚度光阴！

PART 5 停下来喘口气,是为了走更远的路

劳动工具之于人，是创造的美好事物的一部分，正如工作对于人，只是人生的一部分。过分的贪念与偏执，会让所有的一切通通云消雾散，成为叹息下的过往云烟。心态，是生活的动力，健康是生命的源泉。学会生活，便是人世间最大的一门学问。

慢，就要我们将自己的心静下来，以达到一种内在的安定，这也是自我在身体与心理的自我调节。频繁的快节奏，机械了生活。在很多事情上我们也会寻求"快餐"的方式解决问题，而有时候也会忽略了人和事的主观性。

停下脚步，慢享时光

林薇点了一份蜜汁三文鱼、一份沙拉和一杯蓝山咖啡，静静地在位子上等候。很快，服务生就端来了色香味美的菜肴，当然还少不了一句"请慢用"。

林薇一边享受着可口的食物，一边思考着：为什么在餐厅、饭店就餐时，都会说"请慢用"呢？难道只是提醒顾客开始就餐的信号吗？于是乎，她反复琢磨这其中的缘由。

林薇是一家商业公司的白领，整天的工作都十分忙碌，以至于总是很少有闲暇的时间。因此她无论做什么事情，时时刻刻都有一种紧张感。为了能节约时间，就连吃饭也需要快速进行。

快餐当仁不让就成了她解决吃饭问题的最佳方法。办公桌旁放着公司附近的快餐店的菜单以及订餐电话，到了吃饭时间，一个电话打过去，不消几分钟，饭菜就能给你送来，既快捷又方便。

林薇比较喜欢订麦当劳、肯德基的各种汉堡包，以及必胜客家的特色披萨。感觉这样的食物不仅美味而且吃起来也相当利索，还不用专程跑到楼下就餐了。当然，还有一些类似米线、麻辣烫的小吃，她也是百吃不厌。偶尔她也会选择一些面包、饼干以及水果来充饥。

　　不过，在一次公司的体检中，林薇被查出患有脂肪肝。这让她感觉很是诧异，经过进一步了解，医生说这极大一部分原因，就是自己经常品尝的快餐引起的。

　　事情并没有像这样就简单结束了。一次午餐过后，林薇和一个客户洽谈中，明显感觉自己消化不良，头有点发热。但客户在旁边，她强忍着身体的不适，完成了与客户的交谈。回到办公室，林薇赶紧接了一杯水喝下，以此来调整自己的状态。但是突然之间，胃里一股酸水上涌，反胃恶心的难受之感不断充斥，刺激着自己的神经。不同于往时，肚子一阵阵的绞痛让她无法将注意力集中起来。在光顾了几回洗手间后，林薇不得不提前离开公司，赶到急诊科一查，急性肠胃炎。

　　在接下来的两天内，林薇整个人虚弱不堪、酸软无力。而那时断时续钻心的绞痛，更让她苦不堪言。即便打过了点滴，状态也未好转。林薇不禁想，这遭罪真是遭大发了。人家说，急性肠胃炎基本上是由于饮食不规律，爱暴饮暴食或者是因为食物不卫生、有细菌感染中毒而引起的。

经过这回折腾，林薇开始对快餐有了警惕心理。为了不让自己的身体就这么垮下去，她每天早晨都要早起一会儿，为自己准备丰盛的饭菜。到了午餐时间，就用微波炉加热一下，好让身体慢慢养回来。

不难发现，我们每天都好像在和时间赛跑。而随之而来的饮食问题也成了我们需要重点关注的对象。

通常，从营养健康的角度讲，我们的早餐应该是十分丰富的。但是经常陪伴着上班族的却是路边的包子、豆浆或者一份煎饼果子。问题是，我们往往会为了避免上班迟到，在行走的路上就将它们解决了。这可并不是个好习惯，因为这不仅不甚雅观也不利于我们的饮食健康。可以想象，道路上车来车往，什么尘土、细菌都会无可避免地沾黏到食物上。而在公共场合，公交、地铁的扶手、座椅也会沾染很多细菌，手部的细菌自然也会随着食物进入我们的身体。因此对于午餐的凑合、晚餐的减肥或暴食，让整个身体的健康指标随着时间的延伸而逐渐下滑。

饮食随着生活节奏的变化而变化，快餐就成了传统饮食风格的替代品。忙碌让我们无暇去顾及食品的健康与营养，与其在家花时间烹饪一道可口的饭菜，倒不如抽出时间拜访客户来得实在。很多人都已经陷入了这样一个误区，不然又怎么会有那么多胃病患者的出现呢。

我们不仅要果断拒绝快餐的荼毒，还要反思自己的暴饮暴食。什么事情都处在快的环节，迟早都是会出问题的，正所谓，欲速则不达。如果不能及时解决这个问题，那么拖垮的是身体失去的是健康。单调的快餐产品让身体的营养严重失衡，而过多的高糖、高脂肪食物的摄入也会加剧肥胖。

从另一个角度看，"请慢用"还包含着对生活品位的追求。一道菜上来，不仅要用心感悟它的色香味美，还要了解这道菜背后的心意、工序以及其所蕴藏的文化传统。先从食料的采集，到合适的刀工和火候、调味的标准度，再加上料理者精心的配置花样，我们都要细细地从中领悟食物的美好，通过内心结合自己的感官，品味不同种美食的味道与细微的差别，感受每一道菜的香气，欣赏它们的色彩和美感。

民以食为天，健康饮食的道理人人皆知，但重要在于做。感恩地享受美食，在一种惬意的格调里品味，都会提高饮食和生活的质量。这是一种追求高品质生活的方式和态度，是每个人都要寻求与获得的生活态度。而这不简单亦不复杂，关键在于内心的理解和对追求美好事物的愿望。

慢，就要我们将自己的心静下来，以达到一种内在的安定，这也是身体与心理的自我调节。

美食和人生总是并行的，食有五味，人生亦有五味。食不言，饭不语。尊重进食的体验，在咀嚼的过程中，可以从中启发对人生的思考。那不只是简单的鼻子与嘴巴的感受，每一道菜都隐含着对知识的探索与反思。

但是，慢食，并不仅仅等同于慢慢吃。

在慢食的背后，可以引申出来很多问题，包括一道汤的文火细炖、一个菜的精心烹调。那么，包括食物、食材的种植与培养，都要符合一定的自然规律的节奏，而不是通过加速剂、催熟剂来将它们"速成"。所谓欲速则不达，这在一定意义上揭示的是：饮食以及饮食背后一系列的"慢"节奏的健康发展。

乔冉申请成为了意大利的慢食协会会员，她和其他的慢食会员感受到了有关慢食的美好和巨大的功效。

在乔冉之后的生活和工作里，总是会受到这种"慢食"精神的影响。她总是会抽出时间来，要么去菜市场，要么就赶赴超市，精挑细选出新鲜的水果和蔬菜，带着一份感恩与享受，精心地烧出几个健康可口的菜式，煲一锅营养美味的鲜汤。和家人在一起，愉快地享受着美食带来的愉悦与欣喜。

而在此之前，乔冉的生活真的是一团糟。

她每天在工作的战场上通宵奋战，好像这世界上没有比工作更重要的事情了。每天的饮食基本上就是：咖啡、速冻食品、罐头、麦当劳汉堡，或者随着经济链产生带来的工作餐、商务餐等，各种各样的快餐充斥着自己的生活。但是，即便如此，乔冉仍然感觉吃饭是件浪费时间的事情。

总是焦虑而又紧张的乔冉感觉生活常常压得她透不过气来。这也形成了她情绪不定，易暴躁易发怒的脾气。以至于，她常常和家人发生争吵、争执。有时候，乔冉也困惑：自己与他人的相处模式是不是也处于一种快节奏。她往往站在自己的角度思考问题，想什么说什么，很是直白，也不在乎是不是忽略了别人的感受而伤到人。

后来在一次活动宣传中，让她第一次真正意识到"慢"的重要性。尤其就"慢食"而言，不仅要吃得有滋有味，享受食物的美好。与此同时，这也是一种生活态度。远离那种急躁的生活方式，反观自我，静下心来去感受生活中的一切事物。

这是一次以"慢食"为核心的活动，慢食主义者的主张是：放慢自己的生活节奏，享受生活。饮食的时候，就尽情地享受美食，品味属于饮食所来的惬意与美好。他们提倡干净卫生、健康安全、营养均衡的饮食，在舒适放松的环境下，享用自然的馈赠。

慢食协会的发起人卡洛·佩特里说："慢食，不仅仅是给我们的味蕾寻找美味，而且是为了保留我们美好的人性。"他指出，相比于"速食"，"慢食"更是一种态度，是一种珍惜生活和欣赏生活的态度。

乔冉跟随着会员们，前往了当地的家庭农场，亲自而真实地感受到这些食物的样子。而这些食物都是原生态的，并没有添加任何的化学肥料。这样的食物品尝起来才是属于食物本身的味道，遵从着自然的发展规律，以保证食物的优质、新鲜、顺应季节的变化。她还见识并品尝了大厨们的精心料理，一道道菜肴都经过了悉心的调制、熬煮，只是没想到，连做菜的过程竟然也可以是一种享受。

总之，乔冉跟着会员们了解到了很多也学到了很多，她也对自己平常的状态进行了深刻的反思。无时无刻的"快"打断了事物正常的发展规律，包括自己的心态、对待生活的心态。之后，她渐渐地改变着自己的生活方式，包括对吃饭饮食，以及对家人的态度。后来，她去学习了烹饪，在自己制作餐点的过程中满怀欣喜，她也切实地体会到做饭也是一种享受。

静下来，以一种闲适、放松的姿态品味美食与生活，这让她感受到人生的乐趣，以及被自己忽视的爱与温暖。和亲戚朋友来一场自驾游，来一场有意义的野炊，或者骑着自行车到郊外的田野上感受着大自然的亲切，这都会让那庸碌的生活变得鲜活起来。乔冉在自己的笔记本上写下——感恩"慢食"。

慢食要求食物的质量，提倡新鲜的时令食材；

慢食是一种环保理念，避免对自然的污染与资源的浪费；

慢食，是对食物品种的保护；

慢食，是一种修养；

慢食是一种健康，让食物的营养能够充足地吸收到人体中。

慢食还是一种积极的生活态度，用所有的感官以及感情体验美食的真正味道，感受享用美食的轻松与愉悦，降低或者避免快节奏所带来的负面影响，缓解生活中的精神压力，从而回归到传统健康的生活方式中去。

慢食的态度是美味佳肴的一种保护，维护着我们不可剥夺的享受快乐的权利。

学会掌握生活的节奏，而不是成为生活的奴隶。学会"慢食"，成为生活的主导者，你的人生才会多姿多彩。

记住《论语》里的话：食不厌精，脍不厌细。

给自己足够充分的时间，去感悟生活、反思生活，以此慰藉疗养受伤的心灵，冲淡心底的苦涩。相比消极的暴饮暴食，这是一个"立正向前"的好方式、好习惯。

只有自己才能为健康埋单

　　小肖最近在法国留学，作为"吃货"的她跑遍了那里的大街小巷。比如作为法国特色的鹅肝酱、甜点马卡龙、法式面包、风味香料羊排、红烩牛腩、黑椒牛排，等等，数不尽的特色餐点全都进了她的胃中。

　　每当见到那散发着浓郁香味的食物，小肖都不禁两眼冒绿光，还不自觉地吞咽着自己的口水。于是乎，只要有钱就麻溜地掏出来，来一场饕餮盛宴。

　　在那里，小肖还认识了许多法国朋友。朋友们大多热情开朗，也都充满法国浪漫主义的本土气息。小肖和法国朋友卡特琳的关系非常要好。卡特琳白皙的皮肤，高挑的个子，对于小肖来说，有这么一个养眼的朋友真心不错。

　　卡特琳邀请小肖到家中做客，这让小肖兴奋不已。她想，还从没到当地的朋友家里玩呢，于是乎欣然前往。当听到卡特琳的爸爸是一位厨师的时候，更让小肖心中各种欢呼雀跃。只不过临行前，因为要挑选礼物而犯了选择忧虑症的老毛病，所以耽误了不少时间。不过，她总归是没迟到。

傍晚的阳光很是绚丽，给人以温暖舒适的感觉。小肖赶到卡特琳家的时候，就看见他们一家人都在门口迎接自己，这让小肖受宠若惊。卡特琳的家很大，布置得也很温馨。盆栽的点缀，让房子各处都充满了生机。阳光透过窗户，将内室衬得通亮。

遵从法国人热情的贴面礼，小肖做了简单的介绍，跟着大家来到餐桌前，不觉眼睛一亮。早就准备好的丰盛的美食，散发着诱人的芳香，都好似在向自己遥遥招手欢迎她的到来。偌大的餐桌上，有冷盘、主菜、奶酪和甜点，每一道美食都恰到好处地摆放在精致的餐盘中。

由于大家优雅的用餐方式，小肖也不好狼吞虎咽，以免将自己的本性暴露出来。只是令她意外的是，从开胃酒开始，跟着大家这一细嚼慢咽的方式，一顿饭竟吃了三个多小时。不过，在享受美食的过程中，她也真切地体会到了每一口食物的味道。多汁的牛肉、香滑的奶酪、鲜美的大虾和沙拉，每一种味道通过味觉神经传达到大脑，令人久久回味而意犹未尽。到了最后，大家还用面包将盘中的汤汁蘸干净一起下肚，没有丝毫的浪费。

小肖从没想过，要全身心地放松下来尽情地享受美食。这是一种全新的体验，好像每一处感官都得到了应有的发挥，而且这个过程还不乏彼此惬意而幽默的交谈。小肖突然觉得自己不虚此行，慢饮食、细消化，那是一种慢食文化，而且恰到好处。

人们常常光顾一些风格各样的餐厅，不一样的格调氛围需要人们去慢慢感觉、享受。和朋友或者爱人，面对面惬意地交谈，一边畅所欲言，一边品尝舌尖上的美好。每当这个时候，你都能感受到不同于匆忙填食的、发自内心的轻松与喜悦。

在《五灯会元》中，讲到这样一件事情：

源律师问："和尚修道，还用功吗？"禅师回答说："用功。"问："如何用功？"禅师说："饿了吃饭，困了睡觉。"问："一切人都是这样，跟大师您用功一样吗？"禅师回答："不同。"问："怎么不同？"禅师答道："他吃饭时不肯吃饭，百种需索；睡觉时不肯睡觉，千般计较。所以不同。"源律师至此无话可说。

吃饭也是一种修行，在该吃饭的时候就应好好地、专心致志地吃饭，而不是一边吃着饭，一边看着电视或者对着电脑、手机，不仅食而无味，也不利修身养心。慢食细品是对食物来之不易的尊重，也是对自我的尊重。如果只是毫无滋味地吞咽着食物，不仅是对食物的一种践踏，也是践踏着自己的身体。

孙小洁最近变成了一个"吃货"，不，准确地说应该是个无食不吃的"饭桶"。

最近两天赶上学校放假，同学们无不欢呼雀跃、手舞足蹈。相反，孙小洁却犹如掉进了深潭苦海里，难以自拔。她整天无所事事、浑浑噩噩的样子，痴情而忧郁地对着一张有着深邃眼眸的男神照片，活脱脱一个闺中怨妇。

校草的魅力是不可阻挡的，不过其身边的莺莺燕燕自然也少不了。初见惊艳，再见倾心，便是孙小洁对宋泽宸的深刻感悟。孙小洁算不上倾国倾城，但也是小家碧玉、容貌清秀的姑娘。只不过就这么对酷似詹森·阿克斯的他入了迷。两人一度陷入爱河。

其实孙小洁也不知道宋泽宸究竟喜欢自己什么，因两人的爱情如梦幻一般的美好，让她没有时间去探究这个问题。喜欢他的星目剑眉，喜欢他健硕的腹肌，喜欢他妖冶而微薄的嘴唇，喜欢他富有磁性的嗓音，喜欢他体贴的温柔……

宋泽宸的模样不错是公认的，但情人眼里出西施也不假。孙小洁处处以宋泽宸为中心，稍有一点浪漫就能感动得稀里哗啦的，好像没有了他，这世间也没什么意思了。总之，孙小洁果断许下了非他不嫁的豪言壮语。

事与愿违，人们只看见了花美男，却忽视了花美男也是花字辈的。正如人家说，薄唇的男人薄情一样。一句不合适，就让一个身材妖娆的白富美取代了自己的位置。可笑冤家路窄，总是能可巧不巧地和人家小情侣碰上面，还是那个他们曾经经常去的地方。

孙小洁怀念他们彼此的过往，却让这现实的尖刀一遍又一遍地磨砺着自己痴情柔软的心。每一次相遇,她都在和煦的风中凌乱,最后也只能在慌不择路中狼狈潜逃。她老是悲催地撞到一个常在那里逗留的小伙子,害得她一个劲的埋怨。还有一回,自己的郁结正无处发泄,便又碰见了那个没眼力价的家伙。于是,满腔的怒火就全都发泄到了人家的身上,把人家小伙子看得一愣一愣的。只不过,那渐行渐远单薄、孤独而绝望的背影,任谁看了都不禁疼惜。

放假了,甜蜜的小情侣们相约好了出去游玩,就连宿舍里的女汉子也纷纷跑出了窝。临行前,还不忘告诉那位冤家,别忘了吃饭。看着一个个没良心的家伙"摔门"而去,孙小洁把她们"招摇撞骗"来的食物全部搬到自己的床上,又风风火火地跑去超市,管他什么榨菜、面包、辣椒酱,什么泡面、啤酒、火腿肠,看见什么拿什么,也不知道自己究竟花了多少钱,抱走便是。

她就这么靠坐在床上,一边看着苦情的韩剧,一边利索地撕扯开食物包装。饿死鬼般,大口吞咽,大口咀嚼。一向灵敏的舌头,都快被各种味道刺激得失去了味觉。就这么从晨曦微露到了沉沉夜幕,一大堆零食被自己消灭一空。当她将最后一块黑巧克力放进口中,麻木的苦涩随之弥漫在心头。晚上,孙小洁被送到医务室,从此落下病根。

后来的后来,孙小洁和那个碍事的家伙走在了一起。其实,每一次的不经意，都是憨厚实在的他的故意邂逅，而这些就在孙小洁认识宋泽宸之前。他不失阳光俊朗，不乏英气幽默，只是在多少个不经意间，将自己的感情默默地流露，而那佳人不自知。终于，他鼓足了勇气要向姑娘表白的时候，又看见了两人的携手……

现在，两人有着自己美满的家庭，还有一个继承了父母所有优点的宝宝。孙小洁依偎在丈夫的怀里，看着宝宝调皮可爱的样子，满满的幸福充实了内心。如果再有一次机会，打死自己都不可能吃得那么狼狈。不过，自己的胃已经回不到从前了。

曾经的宣泄没有能力挽回任何东西，却徒伤了自己，终于领悟：成长的岁月里，还要学会疼惜自己，因为没有人能为你的健康埋单。

因为可能世间有太多的失意，有太多的苦楚，我们往往只能用食物去填补内心的缺憾和不满。无论主食副餐，还是生冷辛辣，通通机械迅猛地灌进肚中。不为别的，只求一个痛快。但是却不曾想过，这样的发泄方式看似酣畅淋漓却暗含着更多的负面情绪。

遇事修心，即便是遇上了烦心事，也可以选择借助食物的正能量。点上一桌丰盛可口的美食，或者买上一些开胃营养的小吃，一个人静静地品尝食物的美好。给自己足够充分的时间，去感悟生活、反思生活，以此慰藉疗养受伤的心灵，冲淡心底的苦涩。相比消极的暴饮暴食，这是一个"立正向前"的好方式、好习惯。

家乡的美食有这样一种神奇的力量，它能治愈你内心的伤痛，抚慰你心中的彷徨与感伤，让你身处异乡却仍然能够看到未来的希望。家乡，那里有疼爱自己的父母，有抚育自己成长的精神食粮。从不会嫌弃你的平庸，从不会介怀你的匆忙。只要，默默地守候，只要，你还愿意追寻。

莫忘家乡的味道与温暖

莫斯科的飞机终于起飞了，坐在自己的位子上透过狭小的舷窗观望外面的景色。白云遮住了蓝天，就像白色与蓝色错乱地调和成一幅油画，要不是机身在穿梭，还以为这张画就这么死死地贴在了窗户上。

手机已经关掉了，翻开手中的杂志，上面是各种酒店、旅游的景点，偶尔穿插几个笑话，也是陈年老调，丝毫提不起人的兴趣。一份黑面包、一杯咖啡，原本很有感觉的味道，此刻却让人味同嚼蜡。索性闭上了眼睛，敛住了所有的疲惫，靠躺在座椅上，深深地呼吸一口气，让紧皱的眉头有所舒缓。

凌晨3点，一个电话惊醒了睡梦中的赵晗，自此便再也没有了心情入梦。电话那头传来大哥的声音："小晗，妈突发心脏病住院了，到现在什么也吃不下，什么也不想吃，急死人了。现在刚从抢救室出来，就一直念叨你，说想见你。小晗，你赶紧抽出时间回来一趟吧。到了给我打个电话，我过去接你。"大哥上气不接下气地将话讲完，赵晗听出了大哥语气的急促和话语的凌乱。

"啊？！那妈现在身体怎么样啊，还好吗？"赵晗握紧了手机。

"基本上已经稳定下来了，但还得观察观察，我跟你嫂子都在照顾着呢。"

"那爸呢，爸还好吗？"

"爸还好，刚才还和妈待了会儿，现在已经去休息了。"

"哦哦，好的，哥，你别着急，我现在就订机票。你告诉咱妈，我很快就到家了啊。"

"好好，路上注意安全。"

挂了电话，赵晗手脚冰凉，没想到老妈一向硬朗的身体也能出现状况。在赵晗的印象里，妈妈一直是个女强人，把所有事情都能打理得井井有条。

还记得小时候，一场大火让全家人都陷入了前所未有的危机，一家人只好搬回了老家。然而，祸不单行。父亲又因为连日来的操劳，突犯高血压，不得不住院休息。家中的顶梁柱一倒，让本就拮据的家庭更是雪上加霜。这时候，母亲就不得不用自己瘦弱的肩膀扛起了大梁。

那节骨眼上，母亲起早贪黑，每天天还不亮就起床，奔波于医院和各类市场。一边伺候着父亲,一边照顾着两个年幼的孩子,还打理着家中一切的事物。当时的环境下,人人都不富裕,即便是借也借不出钱来。而且六亲冷淡,母亲也没向任何人开口。就用手中不多的钱进了些菜来,架起了炉灶,用自己勤劳的双手蒸出了一个个又白又胖的大包子,捏出了一个个糖汁浓厚的糖三角。寒冬腊月,母亲骑着一个破旧的小三轮,穿梭在大街小巷。回到家时,已是满身风霜。

母亲出身于书香门第,本也做不了什么重活。可即便如此,就这么一个弱女子,在困难面前也是百炼成钢。母亲的手很巧,什么东西到了她的手里都变得灵活了,还有点"起死回生"的功效。

那时候,即便不能买新衣服,可自己和哥哥的衣服从来都是干干净净的,而且还有很多花样。原因就是母亲把不能穿了的旧衣服洗净,又重新用染料泡了,剪裁缝制出适合两个孩子的款式,还绣上了一些小装饰。不知情的,还真以为是新衣服呢。

包大包子还留下一些馅,母亲就切进去一些家中剩下的豆腐干、白菜、胡萝卜,搅拌在一起,重新和了面,利索地捏出了一个个圆肚饺子,好像一个个金元宝。等饺子在沸水中滚上三滚,就捞出锅来。嘿,那饺子都是水灵灵的支楞着,冒着热气,堪称质地极好的暖玉。

每个人分上一碗,赵晗接过自己的小碗,和哥哥一起狼吞虎咽。等碗中见底了,还没记得饺子是个什么味道,只感觉一个香。每当母亲看着两人意犹未尽地吧唧着小嘴，就把自己碗里的饺子给两人的碗里拨上几个。直到两个小家伙挺着圆滚滚的小肚子跑到小桌子上练字去了，母亲才满意地将剩下的饺子吃完，可是碗中的饺子也没剩了几个。

等父亲病好后，母亲就和父亲一起并肩作战。两人在那个贫穷的年代，白手起家。一路的坎坎坷坷、跌跌撞撞，相互扶持终将一双儿女养育成人。

只是母亲从前纤细如葱的手，已经变了模样，而父亲也早已是两鬓白霜。

飞机降落已经是夜里9点了。提着行李走在路上，冷冽的风像针一样蚀骨。宽大的围巾在寒风里来回招摇，但也无法安定那颗迫不及待的心。哥哥早就在大厅里等候，还是那副老样子，又高又壮的，要不是戴着副眼镜看着还算和善点，人家还以为是混黑社会的呢。

"哟，怎么瘦了呢。来，东西给我，这个给你。"大哥一边帮赵晗拿行李，一边塞给她一包东西。

赵晗一看，竟是几个热乎的大包子。"人家接人送花，你可倒好，一来就几个包子。"

"就知道你一着急就不爱吃饭，又听说你要回来，老人家早早就包好了，这不生怕这包子让俩大孙子偷吃了，说是接机的时候让你先路上吃了垫吧垫吧。"

"咱妈？"

"是爸。"

……

母亲出院了，全家人都聚在一起。老妈非要亲自下厨，而老爸也不说什么，在一旁打着下手。嫂子也帮着摘菜、洗菜，手脚麻利地减少着妈的工作量。大哥又跑去楼下，买来几瓶酒。两个调皮的孩子在客厅里追逐玩闹，还不忘跑到厨房问问要不要帮忙。一家人就这么热热闹闹、默契十足地做着事情，节日的氛围也就这么水到渠成地搭建好了。

一张大大的桌子，摆着麻婆豆腐、炝锅鱼、红烧狮子头、炖排骨、照烧杏鲍菇、可乐鸡翅、水煮肉片、油焖大虾、地三鲜以及凉拌，还有三盘大馅饺子。都是她爱吃的菜，氤氲的热气与香气，让赵晗感到无比的温暖与幸福。赵晗给爸妈讲述了自己在外面的经历，说一些搞笑奇特的人和事。老妈时不时地点评几句，嘱咐自己做人做事的道理。不过言语之间，二老还是比较担心自己的人生大事。

赵晗夹了一筷子菜放进嘴里，熟悉的味道袭卷味蕾。碗里突然多了一个饺子，"多吃点，看看都瘦成什么样了"，老妈一脸心疼地说道，"都这么大的人了，要学着照顾好自己，别让爸爸妈妈担心"。瞬时，赵晗就感觉自己的嗓子眼儿像被什么东西堵住了，她努力地控制好自己的情绪："嗯嗯，知道了妈，我一定会照顾好自己的。妈，你也多吃。"

　　赵晗食欲大增，真的好久没有吃到这样可口的饭菜了呢，况且又出自母亲大人之手。这味道那叫一个正宗、地道，什么菜到嘴里都是香的无法比喻。当然，更多的还有一种强烈的归属感。家庭的温暖以及爱的包容，让赵晗感觉自己就是这个世界上最幸福的人。

　　晚上，赵晗和父母聊过天后，便回到了自己的房间，望着窗外灯火闪烁，此时此刻的内心很是踏实，好像再棘手的问题她都能迎刃而解。每次自己在外面遇到困难，她就想着妈妈做的饭菜，那是一种力量、一种火光，让在外漂泊的人有了向往，有了依靠。

　　过了几天，赵晗踏上了返程之旅。处理好莫斯科的相关事物后，赵晗向公司申请回国。她决定，要陪伴在父母的身边。她要做一个时时能守护在父母身边的贴身小棉袄，让这件小棉袄发挥出她最大的作用。因为，她记起了那些老话："莫等子欲养而亲不待""父母在，不远游"。

　　后来，父亲告诉赵晗："你妈最喜欢吃的就是饺子……"

　　一串冰糖葫芦、一个粘豆包、一盘花生米，甚至于一勺辣酱，都能让人忆起家乡的味道，感念那些人、那些事。一种久违的情怀，就这么不经意间流露。

　　家乡的美食有这样一种神奇的力量，它能治愈你内心的伤痛，抚慰你心中的彷徨与感伤，让你身处异乡却仍然能够看到未来的希望。家乡，那里有疼爱自己的父母，有抚育自己成长的精神食粮。从不会嫌弃你的平庸，从不会介怀你的匆忙。只要，默默地守候，只要，你还愿意追寻。

　　风景不过家乡好，美食不过家里香。即便一碗米汤、一个馒头、一碟咸菜，你也能从中体会到别处无法体会的美好与香甜。家乡菜之所以是人生中的一道大菜，不仅因为那可口的味道，还因为它蕴藏着家的温暖与厚重的、浓切的爱意。

　　脑海里总会蹦出那些好吃的东西，何尝不是想家的信号呢？拨通千里之外的的电话，询问父母的近况，也许还会问一句："妈，今天做的什么好吃的呢？"脑海里的美食，好像都是新鲜出炉的样子，无法忘记的口感总是会回放给味蕾。无论多么遥远的地方，这种情感总是会不远万里来牵绕。

　　吃与思念总是会站在一起，让你无法将它们分开。每当这个时候，思念便也成了最美好的味道，可是美食也不能全权替代了思念。所以要常常回到家乡，与亲人促膝长谈，与父母一起吃顿家宴。

　　丰盛而地道的家乡料理，经过日积月累的沉思与研究，使得每道菜都成为一个哲理。

　　无论何时何地，不要忘记家乡的味道。

> 在生死临界点的时候，你会发现，任何的加班，给自己太多的压力，买房买车的需求，这些都是浮云。如果有时间，好好陪陪你的孩子，把买车的钱给父母买双鞋子，不要拼命去换什么大房子，和相爱的人正在一起，蜗居也温暖。

工作狂，其实是一种病

"在生死临界点的时候，你会发现，任何的加班（长期熬夜等于慢性自杀），给自己太多的压力，买房买车的需求，这些都是浮云。如果有时间，好好陪陪你的孩子，把买车的钱给父母买双鞋子，不要拼命去换什么大房子，和相爱的人正在一起，蜗居也温暖。"

曾经关于复旦女博士癌症晚期的生命日记在网上备受关注。于娟是一名海归博士，曾任复旦大学社会发展与公共政策学院讲师。但是在2010年的时候，于娟被确诊为乳腺癌晚期。因为自己患病，于娟不禁开始反思自己的生活方式，并且发出疑问：我为什么得癌症，什么样的人会得癌症？

于娟在她的日记里写到她自己不健康的生活方式，其中就有经常性的"突击作业"。各类五花八门的从业考试，从来就不间断。看见别人考什么，自己就也想考过。报了名之后，经常忘了自己曾报过这个考试，于是考试前每天突击猛学。而最高的突击记录是，一天看21个小时的书，看了两天半的时间就去考试了。

"我会下死本地折腾自己，从来不去考虑身体、健康之类的，我只是把自己当牲口一样，快马加鞭、马不停蹄、日夜兼程、废寝忘食、呕心沥血、苦不堪言。"于娟在日记中讲到了自己参与形形色色考试的状态，忍不住感叹。每次考试下来，自己都瘦了一圈。

为了应付考试，自然也少不了熬夜，不然一天21小时的记录从哪里获得。于娟平常的习惯就是晚睡，而且几乎没有在晚上12点之前睡过。无论是什么原因，总之都是加班加点，通宵熬夜。至于真正休息的时候，最早也是夜里1点的光景。

患病后，她发现自己的肝功能有些问题。于是开始查了相关的资料，包括《黄帝内经》。书上写：凌晨1~3点，丑时，肝经当令。原来，经常的熬夜，损害干扰的是肝脏的正常工作。后来，她每天按时的睡觉休息，饮食也开始注意。渐渐地，肝脏的问题有所缓解。

于娟认为通宵熬夜、拼命考试、工作，不惜以自己的健康为代价，是导致自己患癌的重要原因之一。她深刻地意识到，曾经的自己是多么的大意。那些高强度的作业，是侵害自己身体免疫机能的首犯。所有的一切，只有活着才是王道。可是说什么都为时已晚，最终于娟也没能战胜癌症而猝然长逝了。

Workaholic这个词汇是一个创造性的词汇，因为它是随着人们的生活变化而衍生出来的，并且它也是根据alcoholic这个词衍生出来的。Alcoholic是指饮酒上瘾的人，那么顾名思义Workaholic就是意指对工作上瘾的人。这类人总会将大部分的时间花在工作上，时常加班加点的工作，甚至经常性的加班到深夜。开口闭口就是工作上的事情，而对别的事物一概不感兴趣。好像人生这一辈子，除了工作就没有什么是正经事，工作才是人最终的目标。

而第一次使用Workaholic一词的，是美国的宗教学教授韦恩·奥茨。韦恩·奥茨曾经就是一个工作狂，每天因为工作而忙忙碌碌，只要是在工作的时候，谁也不能来打扰他，即便是自己的家人。在后来的经验教训启示下，韦恩·奥茨写了一本叫做《一个工作狂的忏悔录》。在书中，他使用了Workaholic一词，深刻形象地刻画了为工作如痴如醉的人们——工作狂们根本就没有一个正常的生活状态。他们以事业为重要的人生目标，逃避自己的爱情和家庭。

要知道，努力工作和工作狂这两者可不是等同的。努力工作是热爱自己的工作，所以会为了完成自己的工作内容而尽职尽责，对待自己的工作态度认真，不会去投机取巧。要是疲劳了，就会给自己休息的时间，好好调整自己的状态。而工作狂就不一样了,总是依赖于自己的工作,凡事以工作为中心。一天不加班,心里就十分不舒服。会因为工作,而放弃自己的其他一切事物。从没有休息的时间,也不给自己片刻休息的机会。这样的人,往往就成为工作的奴隶了。

现在的生活中,很多人都在朝着工作狂的状态发展。这些人之所以变成为工作而疯狂也有很多的原因,但是其中也不乏逃避现实的因素,或者有着强烈的自我表现欲望,不断地想要通过事业上的成就来证明自己。还有很多人认为不停地工作就是热爱自己的工作,但是很多人并没有意识到,其实工作狂也是一种病。并且这种"病"还常常会衍生一系列严重的问题。

工作狂也是一种心理疾病,对待时间的方式就好像面临死亡一样。极尽自己的最大努力去完成更多的事情,时间十分紧迫。潜意识里,在不断要求自己,不断命令自己。但是这种盲目地追求事业成功所带来的喜悦,即便可以获得别人的赏识,却忽略了家庭情感以及健康这个重要的因素。

如果用工作方式逃避自己的现实生活,那么不仅不能解决实际问题,还会让情况愈演愈烈。这种夸张而忘我的工作方式会产生严重的家庭问题,或者因为关系的恶劣而更加投入到工作中,那么什么事情都不会自然而然地变好,反而会因此恶性循环下去。所以这种方式非常不可取,也十分不明智。

很多人因为不知疲倦的工作,忽视自己的身心问题。但是这个问题并不会因为你的忽略而不存在。于是有人开始变得焦虑、抑郁，经常性的失眠，经常被各种各样的病痛折磨着，或者被肠胃病折磨着，或者形成了个腰肌劳损，抑或者年纪轻轻就已经满面沧桑。严重时，还会因为过于劳累而猝死。这种情况屡见不鲜。

为了工作，落下一身的毛病，这是你想要的吗？说好的幸福的生活，难道就是这个样子的吗？就像于娟说的那样，活着就是王道。悬崖勒马，犹时未晚。珍爱自己的生命，莫让一切竹篮打水一场空。

无论现在你是不是一个工作狂，无论是什么原因让你逐渐向一个工作狂发展，一定要积极地改变自己的生活状态。尝试给自己的工作制定一个详细的日程规划，整理好时间和家人朋友待在一起，交流双方的感情。享受生活的闲暇时光所带来的乐趣。留意生活中各种美好的事物与细节，或者和朋友们打一场羽毛球、健个身散个步、来一次家庭野餐、看一场新上映的电影大片、欣赏晚霞落日的美好，等等。生活中就要学会宽容地对待自己，生活的美好也无处不在。

如果一时半会儿改不了自己的毛病，也别放弃，循序渐进、真正地从内心处意识到生活本身的美好与诗意。努力工作并不意味着一味的不知疲倦的工作，也别把工作的烦恼时时刻刻侵入自己的家庭生活里去。

可口可乐前任CEO迪森曾经说过一段很经典的话，让人们印象深刻。

他说如果想象人生就是一场在空中接抛5个球的游戏的话，那么这5个球就可以分别是工作、家庭、健康、朋友和心灵。你也许十分努力地抛着这5个球，不想让它们落地。但是很快地，你会发现其实工作原来就是一个橡皮球，因为万一你不幸失手将它跌落，它还是会弹回来。而其他4个球——家庭、健康、朋友和心灵则是玻璃做的，如果你让其中任何一个落下，都会破损，甚至粉碎。

蔡悦经营着一家服装行业的网店，她手底下有很多的员工，也租赁了很多仓库。蔡悦自己并不生产服装，但是她会常常去国内一些知名的服装生产基地，寻觅当下流行的款式。做好相关的联系后，便承包给服装的生产厂家，然后再运到自己的仓库。

这也是不容易的一件事情，因为她需要时常奔波于各地，从种类繁多的款式中细心地挑选。有时候衣服材料的选择也是一件很头疼的事情。如果料子选择不当，那么这件衣服即便设计得再漂亮也不会有什么效果。除此之外，和商家的应酬自然也少不了。就说订货会吧，在最忙的一段时间里那是一家接着一家，一天三顿饭几乎都能给包齐了。

各种各样的应酬、商务型的谈判自然是少不了，员工客服大大小小的事情也需要一一过问，蔡悦为了给自己减少些压力，将权力下放到各职能部门，包括将选择衣服样款的任务交到下属责任经理那里去，但仍然有很多事物需要自己亲自打理。

在员工的眼里，蔡悦就是个女强人，办事雷厉风行，行为处事果断、利索。人人都觉得像老板这样的女人，就应该过得有滋有味很幸福。不过事实却并不是如此，蔡悦的家庭危机已经到了最严重的阶段。蔡悦从没有意识到，事情竟然能走到这个地步。

在家里，最忙碌的就算是自己了。丈夫有属于自己的工作，但是工作时间很有规律。因为自己平时一直都很忙，所以丈夫就承担了照顾儿子和做饭的义务。只不过，即便是将饭菜做好了摆到了桌上，人还不一定能回来坐在饭桌旁。时间一长，问题就出现了。孩子还在上小学，学习上的事情需要家长督导，但是丈夫并不是一直有空闲，而自己从来就没闲过。丈夫就希望妻子能多抽出时间来，多陪陪孩子。每天孩子从一起床就见不到妈妈的身影，也只是到了晚上可能熬个小夜才能见到。由于疏于对孩子的照顾，孩子逐渐变得内向。

因为这样的问题，两人不断争吵。蔡悦觉得自己需要自己的事业，在竞争力如此激烈的时代，就要把握住机会。在这个"拼爹"的年代，不为孩子营造一个好的前程，孩子会幸福吗？不去工作，又拿什么资本给孩子一个良好的生活环境呢？丈夫则认为，一个女人不需要这么拼，而应该做好一个女人该做的事：能常和家人待在一起，照顾好孩子的日常起居什么的。再说凡事还有自己呢，别的不说，一家人开开心心、幸福的生活才是最重要的……

夫妻二人谁也不妥协，谁也说不过谁。以至于后来，只要话题一引起来，就是一通争吵。蔡悦仍然忙于各种应酬，早出晚归。有几次，丈夫提出要离婚，蔡悦满不在乎，那就离吧。可是当真有一天丈夫将签好字的离婚协议书摆在自己面前的时候，蔡悦很是震惊，"你是真要和我离啊"。丈夫的态度很坚决，但是仍对蔡悦抱有希望。可蔡悦也很坚决，于是乎就在离婚协议上签了字，并将孩子的抚养权归了自己，蔡悦就这么结束了夫妻二人8年的婚姻之路。

蔡悦重新买了套房子和儿子住在一起，平时就让保姆来照顾孩子。有一次，公司的一个女主管到蔡悦家中送东西。家里只有保姆和蔡悦的儿子童童，童童一脸忧郁地坐在大大的沙发上，一句话都不说。"呦，童童在家哪。你妈妈呢？""妈妈又骗人，说好了今天要带我去公园的！"小孩子一提起妈妈情绪就很激动，大眼睛里顿时就布满了泪花，一脸幽怨的样子。女同事不禁一阵心酸，心想像老板这样的生活真的会幸福吗……

现代都市中，很多人都在为了工作而忙碌着。为了能生存，为了能过上更好的生活。这本是一件很正常不过的事情，却在人们的生活中逐渐变得复杂。人人争先恐后，生怕自己被别人赶超。每天都要充电，每天都要超负荷的工作，因为眼睛里到处都是竞争的硝烟，起早贪黑不敢稍有懈怠，生怕一旦松懈，就会把机会拱手送给竞争对手。

但是仔细想想，人这一辈子，将全部的精力都投入工作中，还拿什么回忆你美好的过往，拿什么享受你的天伦之乐。常说，种瓜得瓜，种豆得豆。你付出什么，你就会收获什么。可是你没有将你的精力投入到家庭和健康中去，而工作所回报你的也只是一些金钱和最浮华不过的荣誉。但这一切终将成为过往云烟，繁华落尽剩下的无异乎破碎不堪的躯体和一颗孤独沧桑的心。

人生还有很多积极的有意义的事，不要以为卯足了力气的工作就是一件好事。因为工作失去了健康，失去了原本和谐的家庭，淡漠了与亲人爱人间的感情，得不偿失。人生就是一场旅行，盲目地走下去就会走到岔道上。累了，就应该停下来歇息片刻。望望远处的天空，坐下来喝喝茶赏赏花，不亦乐乎。待到缓过劲来再重新启程，带着方才美好事物的启示与温暖，盎然前行。你才会发现原来休息过后，才更精力充沛面对精彩的人生。

正所谓，磨刀不误砍柴工。不要抛弃你的健康，你的家庭、朋友和心灵。这些都是你前行路上的垫脚石、你的指路明灯，也是你成功不可或缺的法宝。

工作和生活也是一样，没什么大不了的。抛弃时刻的紧张和恐惧，让自己坦然地面对所有的事情。一切都可以顺其自然，活在当下，珍惜当下，享受当下。

"不努力"的生活姿态也很美

静子最近很是发愁，因为实在觉得自己的工作太熬人了。静子是一家公司的人力资源经理，刚从其他公司调过来。对于自己的职业能力，静子还是很有信心的。所以，她每天都会积极地去处理好公司的相关事物，对自己的工作也是尽心尽职。

但是，上司的要求非常高，无论什么事情，都规定要一份详细的计划方案以及备选方案。事无巨细，都要保证万无一失。并且上司还要求，要将全部的精力都投入到工作中，不能有一丝懈怠。

对于这些要求，静子感觉也是合理的。毕竟，混迹在职场，竞争压力很大，而谁又会拿钱养闲人呢。只不过她每天都要工作将近10个小时，随着公司业务的不断加升，很多的事物都要自己来包揽、处理。渐渐地，静子就有点吃不消了。每天加班加点不说，自己住的地方距离公司还很远，上下班都要花上3个小时，一天下来身心很是疲惫。她回到家里，连饭也不想做不想吃了。

每个人都在追求完美的工作结果，可是这种状态让自己不敢有一丝的懈怠，脑子里总有一根弦在绷着，从来都没有放松的时候。每天都在担心，要是完不成工作怎么办，没有同行完成的好怎么办。没有更快的高质量的完成任务，上司会不会看低自己……精神真是承受不了这高度的负荷，每天总也睡不够的样子，各种犯困还不得不强打起精神来。这种工作模式实在是压抑得人喘不过气来，生怕有一天自己真的过劳死了。

再看了很多因为过度劳累，而造成身体器官衰竭以及猝死的案例后，想想自己总是腰酸背疼的样子，想想自己总是担惊受怕的时候，还有那些令人头疼的绩效考核的东西。几经思索，静子决定要给自己一个相对缓和的时间和环境。辞职并不现实，但是还是要想办法解决目前这种工作模式。

首先，静子就开始琢磨住房的问题。花在路上的时间太长，每次舟车劳顿，工作状态也不会太好。查找各种房源网站，寻找离公司相对近一些的地方。虽然最终的结果不是十分满意，但是最起码比以前的距离近多了，能省下一个多小时的时间。

其次，既然住的地方近了，那么考虑每天回来做一顿营养可口的饭菜犒劳自己。放点舒缓的音乐、敷个面膜，改善自己疲劳的精神状态，享受美食带给自己的喜悦。怎么也得好好养养自己的精气神，不让自己年纪轻轻的就美人迟暮了。

趁着周末休息时间，静子还给自己报了个瑜伽班。准备将自己那一身僵硬的肌肉，扔到那个健身房好好锻炼去。用一个下午的时间，来舒活舒活筋骨，调节调节干巴的身体状态。人不能老是就这么窝着，早晚会窝出病来。

静子意识到心态也是个十分重要的东西，如果没有一个良好的心态，那么什么事情都显得十分悲催。尤其是在自己担心被同行们比下去，老板不赏识自己时。很多时候，不自觉地自己就给自己增添了压力。脑海中总是出现各种假想敌，还在设定的压力模式中不断煎熬，想想也是很恐怖的样子。

就专注于手头上的工作吧，工作仍需要认认真真的，只不过不能再如惊弓之鸟一般了。在办公桌上摆上几个盆栽，营造一种清新自然的气氛。从朋友那里得知了几个好听的专辑，累了乏了，就听上一听。学着以享受的心态面对自己的工作任务，不刻意逼着自己必须全部完成自己众多的工作。

"就随它去吧，就让他们超过我吧。我只继续我的工作，做好自己分内的事情，不受外界影响。"静子这么安慰着自己，以调节自己平日那紧张兮兮的状态。每当这么想过之后，很神奇的，静子发觉自己的心情不比之前那么慌乱了，做起事情来也相对放松，没有强烈压迫感的状态让工作也变得顺利起来。

静子觉得尝试这种生活工作方式真的很有效，虽然工作也时常很繁忙。但是当调整好自己身心的状态的时候，感觉就没有以前那么压力山大了。这无疑是个很好的决策，也让自己在这个过程中学到了很多。学会放松自己，学会抽时间休息，才能够经营好生活和工作。想来这种"不努力"的方法，还真是效果多多呢。

人这一辈子，要为自己而活，活出个真实惬意来。工作仍然还要努力，只是别再给自己过多的心理束缚。为何不让自己从那种空前紧张的状态下走出来，享受生活的美好与快乐呢？一个畏惧打针的孩子，当针扎进自己皮肤的时候，他就会感到撕心裂肺的痛，那感觉远远超过了真正的疼痛程度。但是如果他坦然面对了，知道会小疼一下也没什么大不了，就感受不到非正常的疼痛了。

工作和生活也是一样，没什么大不了的。抛弃时刻的紧张和恐惧，让自己坦然地面对将要发生的事情。一切都可以顺其自然，活在当下，珍惜当下，享受当下。

当你能念书时，你念就是；当你能做事时，你做就是；当你能恋爱时，你再去恋爱；当你能结婚时，你再去结婚。环境不许可时，强求不来；时机来临时，放弃不得。这便是一个人应有的生活哲学了。

在对的时间做对的事

常常有人一边大口吃着东西，一边对着电脑键盘敲敲打打，眼睛专注地黏在闪烁的屏幕上，嘴巴不知其味、机械地咀嚼着。真不知道这样的状态，有没有让他感到味如嚼蜡的麻木般感受，或者这两者之间都没有一个自在、自然的感觉。

有的人见缝插针，从不放过一刻闲暇的时光。趁着别人喝水的时间，多想几个点子；趁着别人聊天的时间，赶紧多码几个字；或者趁着别人午休的时间，多赶几个文案。多么励志的节奏啊，想想就很充实的样子。可是，不浪费时间不代表什么时间都要用来誓死方休的工作。人可以勤奋，人可以奋斗，但是都要有一个相对的前提。

和竞争者在一条起跑线上，两人无数次的交锋，互有胜负。

一时间落后了，仍然可以赶上去，超越他。可一旦有一天，你失去了和他比赛的资格，还拿什么来比赛呢。即便条件再怎么优越，也无法参与到这人生的考试当中去，这该是多么的无奈呢。

而人们有时候就不懂得这个如此简单的道理。将自己的所有精力都投入到忙碌中，哪怕是一分一秒的时间，也要争分夺秒。好像这样就能保证自己有足够的把握创造一个理想的成绩一样。然而，没承想在最关键的时候掉了链子，身体跟不上自己的节奏，重病患癌的比比皆是，再想有所发展也无力回天。

那些令人哀叹惋惜的过劳死的企业家们，还不足以给人启示吗？人总会有一种自我的优越感，就像富豪与乞丐。富豪可以衣食无忧地尽情展示着自己的财富，而再看乞丐呢？一无所有。有的人生活虽然没有像大富豪般富裕，但是仍然过得很幸福很快乐。不是不奋斗，不是不努力，是学会了感悟生活，珍惜自己所拥有的比财富还珍贵的东西。就好像乞丐和富豪同时在美丽迷人的海滩上晒太阳，唯一的区别就是富豪人之将死。这时候，人们才幡然领悟，原来生活一直都是这么美好，只是一直被物质迷蒙了双眼。可此时此刻，一切都为时已晚。

薇薇安是一家企业的高管，在公司里有着很高的口碑。无论是策划能力还是执行能力，她都是屈指可数。一提起薇薇安的名字，就没有人不知道她的。要说起来，薇薇安能走到今天这一步，也是离不开她那种不服输的精神。初入职场，懵懵懂懂，也吃了不少的亏，挨了不少的骂，冷嘲热讽也是常有的事。

　　一份原创的设计，还没交到老总那里，就已经被同事捷足先登。一模一样的稿子，不用想也知道怎么回事。可苦于没有证据，也怪自己的粗心大意。人家怎么说也是从国外留过学的高级设计师，难道会抄袭一个名不见经传的大学毕业生吗，说出去也没有人会信。想来也是，如果自己不是这件事的受害者的话，自己也不会相信会有这样的事情发生。

　　这件事情给了薇薇安一个深刻的教训，也让她从另一个角度对工作有了认识。职场并不是自己曾经想象的那般简单，只有凭借自己的实力，做出比别人更好的成绩来，才有可能被别人认可，而不是成为一个处处被人漠视，毫无话语权的职场菜鸟。于是乎，即便是再苦再累，也要打碎了牙往肚子里咽。在如此强大的竞争模式里，好强的薇薇安从来都没有妥协过、放弃过，她也从不给自己的竞争对手留下可乘之机。

　　一晃数载，薇薇安就这么在职场中摸爬滚打。无论是职业能力，还是职业修养，抑或是外在形象，薇薇安都做得很出色。做事干练果断，能一针见血地指出令很多人摸不着头脑的症结所在。言语得当，做事总是恰到好处。无论在什么样的场合，无论薇薇安做什么事情，没有人能忽视她的存在。那是一种自然而然的强大气场，即便是一个微笑都具有很强的亲和力，还有能让人为之一振的强大感染力。

曾经有很多实习生，对于神话般的薇薇安表现出强烈的好奇心。所有人都认为像薇薇安这样的女强人一定是忙于各种应酬，进行各种商务谈判，像洗衣做饭收拾家务这类活儿也应该是交给专门的人来打理，也或许连吃饭休息的时间都在接收各种邮件吧。要知道数字化时代，商机也是无处不在的，需要人牢牢把握。

但是现实却让人大跌眼镜，事实上，薇薇安不仅对自己生活上的事情亲力亲为，并且还将一切都打理得井井有条。在薇薇安的处世观里，工作就是工作，而生活就是生活。就比如大家都要在公司吃午饭，很多人喜欢一边吃着饭一边看新闻、刷刷网页。但是她就从不在吃饭的时间里工作，或者边吃饭边看个娱乐节目。一心不能二用，做什么事情都要专心致志。就好像小时候父母教育我们，不能一边写作业一边看电视一样。要么先写完作业再看电视，要么先看完了电视再写作业，否则这两件事情哪个也做不好。

薇薇安从不将自己的工作带到家里面，即便有时候公司的事情有很多，但是她也宁愿在公司里加上几个小时的班，也不把它们带回家去做。因为一旦将工作带回了家，就意味着你要将工作当中所有可能产生的烦恼、疲惫等具有负面的信息也一并带回了家里。况且，工作效率在家中也不会很高。

家就是一个温暖的避风港，我们需要是一个宁静祥和而又温馨快乐的地方。只有待在这样的环境中，你才能够给自己一份惬意心情，达到真正的放松，让灵魂小憩。

每次下班回来，薇薇安都会专门去超市买好了晚饭要用的食材。认真地清洗、烹饪，煲上一锅营养汤，做一份简单爽口的沙拉，犒劳犒劳辛苦了一天的自己。每一次的晚餐，她都是满怀欣喜的享受，感恩着自己的生活。

每个周末，家里都要来一次大扫除，将边边角角都擦洗得一干二净，清物亦是清心。洗好的衣物晾在阳台上，打开了玻璃窗，让调皮的微风吹起窗帘的一角，到处都是温暖的阳光的气息。坐在布满了阳光碎屑的沙发上，看一本自己最喜欢的书，丰富着自己的情感世界，在知识的海洋里尽情畅游，感悟人生的另一种美好。

也有很多人向薇薇安请教，为什么可以将生活与工作协调得那么好，怎样才能过上惬意而有情调的生活呢？要说薇薇安这些年来最大的感悟，并不是在职场的这些弯弯绕绕里，而是在人生当中，你所面对一切事物的态度上。"在对的时间做对的事。"薇薇安语重心长地说。

正如罗曼·罗兰所说：当你能念书时，你念就是；当你能做事时，你做就是；当你能恋爱时，你再去恋爱；当你能结婚时，你再去结婚。环境不许可时，强求不来；时机来临时，放弃不得。这便是一个人应有的生活哲学了。

只是有时候，我们就是跳不出那个令人困顿的圈子。其实美好的生活、美好的阳光雨露并不是只属于一个人的。每个人时时刻刻都有机会，只要你想，你就能享受这份自然的馈赠。只要你想，工作和生活就是一种艺术。

改变生活中一成不变的机械模式，敞开心扉，呼吸着没有束缚的清冽的空气，你会感到生活竟是如此的美好。也许你还会品悟到那种"悠然见南山"的惬意。

假期，就是用来享受的

一说到假期，其实想想都让人觉得很开心、很兴奋。终于可以离开那恼人的办公室了，终于不用成天面对着电脑的高度辐射、看不完的档案资料，还有那上司一成不变的铁面黑脸了，终于可以享受下轻松自在的生活了。

不过很多人即便是放假了，也没能从工作中脱离出来。无论这个假期是长还是短，无论身处在什么犄角旮旯的地方，工作都像是一个全球无线联网的WIFI，时时刻刻都能接收得到信号。当然，很多人是因为主观因素无法完全将工作抛至一边，无法全身心地投入到这来之不易的假期当中。

法定节假日，按理来说所有的人都可以享受自己的假期，可是小林却不是这样，即便是放了假，也是成天盯着手机、电脑。因为分分钟都有生意上门。谁又舍得把钱往外推呢？

和朋友们来到海边旅游，人家都在开心地玩水，躺在沙滩上沐浴着阳光。而小林却不断地拿出手机来，时不时地打开看看有没有邮件。到了晚上，大家兴高采烈地吃着海鲜，天南海北地神侃。再瞧这个大忙人，还往手机上瞅呢。朋友就在一旁揶揄，有没有大客户啊，翻了半天手机有没有什么重大收获啊？

其实，有时候即便是收到了邮件，也需要等到回公司的时候才能将任务分配下去，和大家一起处理这个方案。朋友们劝说小林关掉手机，好好地享受自己的假期生活。好不容易从工作的魔窟里跑出来，怎么还能老惦记着呢。想来也是，小林就设置了自动回复，关掉了自己的手机。不过脑海里还总是浮现，万一有重要的邮件怎么办呢？一时间真是担惊受怕啊。就这么想了几次三番，小林终于还是将手机打开了。

假期很快就结束了，小林也接到了些邮件，没有一封迫切到必须立即处理。也许真的是自己平常性子太急了，好好的一个假期，就这么在担惊受怕中匆匆而过，自己也没能感受那份假期的轻松与惬意。小林不禁有点后悔，估计这就是职业病吧。

其实不只是小林，还有很多人都患了这种职业病。平时在工作中紧张忙碌，等到好不容易有了假期，却仍然处在工作的那种氛围里。很多企业的高管、执行官及白领们，都一度认为自己无法真正地放下工作，享受一个轻松惬意的假期。在离开自己的工作岗位的一段时间里，满脑子还是不由自主地想着业务。频繁地接打各种电话，即便是走路的时候也会看看有没有重要邮件发过来。细数下来，短短的假期就这么在这一来二去中度过了，然后又转战到自己的工作岗位中继续奋斗。于是大家都不禁感慨，度假和上班好像没有什么区别了。假期也并不如自己所想象的那样，能够全身心地投入到大自然的怀抱中，或者就在家闲适安逸地和家人待在一起。

沃尔沃曾选取了《Leave the world behind》为新款车型60系TVC的背景音乐。这首歌的背后有一个追求自我心灵放松的一个故事。

《Leave the world behind》是由Swedish House Mafia的三位成员一起重新改编的一支曲子。天籁般的歌声，宛转悠扬，给人以舒缓唯美的真实感受。不过在此之前，这三位成员的音乐风格与此可是截然不同。他们曾是瑞典超强的电音劲旅，拥有强悍劲爆的舞台影响力，那金属电音一度引来歌迷们热情的呼喊与尖叫。不得不说，他们用自己的音乐征服了全球的歌迷。

然而，在所有人都对Swedish House Mafia十分痴迷看好的时候，成员们却在他们的音乐事业最为辉煌的时刻，毅然宣布解体。只是因为，他们觉得这实际上并不是自己想要的生活，即便他们可以坐拥金钱名利，但把对音乐的热爱变成忙碌的奔波演出，并不是自己的初衷，不是支撑着自己的音乐梦。成员们选择要回归于平凡，他们要寻求真实的自我。此后，他们在北欧大陆唯美的风光里驾车旅行，感受大自然别有韵味的美好，寻求着发自于内心的真正的音乐。

于是乎，成员们就在这份感悟中完成了自我的蜕变。那种安静的、舒缓的、空灵飘渺的音乐风格，便是《Leave the world behind》最终被选为TVC背景音乐的原因。演绎中，不难发现他们对人生的那种顿悟与自我的回归，悠扬的曲风引人冥想，给人内心以深深的悸动。将世界抛在脑后，放下一切，放下一切的虚华浮名，忘却喧嚣、回归自我，做回真实的自己。

实际上，生活的确需要我们能够带有一颗回归自我的心。也有很多上班族往返于喧哗的街道闹市上，小心翼翼地处理着微妙复杂的人事关系，整日面对着繁重的工作业务以及翻来覆去的绩效考核，不乏孤独疲惫。有的人，苦于面对冷淡的人情关系，为了逃避现实，在假期里又熬夜奋战；有的人，将工作当做自己人生的全部，毫不懈怠地忙碌着；还有的人忙碌惯了，一时间面对这突如其来的假期，而不知所措。

但是，假期就是用来享受的，因为它不仅仅是身体上的一种放松，也是心灵上的一种放松。别小看这个哪怕只有一两天的假期，但它却好比是一个加油站，让你从那种紧张忙碌的工作节奏中，转变为舒缓悠闲的生活节奏。当你真正意义上的享受了自己的假期，让自己的身心得到了休息、放松，那么就好像游戏中的满血复活,你才能更加精力充沛地面对之后的生活与工作。重要的是,给自己的内心放个假,好让紧绷的脑神经可以变得像弹簧一样柔韧,也不至于哪天一个不小心的触碰,整个人就瘫痪了。

也正如诗仙李白说的:"人生得意须尽欢,莫使金樽空对月。"既然有了这样一个来之不易的机会,为何不能把工作放下,充分而潇洒地享受令人憧憬的假期,或者来一次家庭大扫除,让温暖的阳光洒遍屋中的每一个角落。读几本有意思、感兴趣的书,没有任何功利之心,只要开心。或者,买上一束清香怡人的花来,让充满了生机的花朵与绿色把房间装饰得优雅惬意。听几首动听的钢琴曲,看几场时下最流行的电影大片,一切都会别有韵味。

旅行也是一个不错的选择,学会享受生活,什么名山大川、峡谷盆地,什么江河湖海、沙漠绿洲,只要心向往之,就可以欣然前行。碧蓝深邃的天空下、异域的田园风格建筑、古朴的街道小镇、和煦的清风,都让人心情舒畅,陶冶人们的情操。没有工作时的压力和抱怨,和家人们品味迷人的景致,享受原本生活就该拥有的幸福与美好的格调。

之后你便会发现,当你再次回到工作岗位上的时候,你已经不再是昏昏沉沉的样子,取而代之的是一个乐观的、积极向上的你,精力充沛地面对自己的生活和工作。相比之下,比在办公室内忙碌的效果高了很多。这是一种休息的方式,更好地工作的方式。学会停下来，喘一口气，不是懈怠，是为了能走好我们生活的每一步。

如此，请Leave the world behind，放慢自己的脚步，保持一颗心的憩息与宁静。改变生活中一成不变的机械模式，也许你还会品悟到那种"悠然见南山"的惬意。

后 记

天色渐暗，灯光微醺，一杯红酒在手，立于窗前，月光偷偷地翻越围墙爬了过来，于是，满杯都是月色的浓香。月色有味道吗？月色不仅有味道，还有声音，月色的味道是清甜的，如汩汩流出的清泉的甘甜。月色的声音更美，如乡间的蛙鸣，终日在梦里缠绕。人生，有时候要求真的很简单，仅仅一束月亮的清辉，就能让我们感觉幸福；仅仅一杯月色的甘醇，就能让我们品味出富足。一花一天堂，一沙一世界。禅意的人生，总会在不经意间感悟到。原来，我们始终拥有一颗敏感柔软的心。

写这本书时，有时候很疲惫，有时候很轻松，又有时候很悲伤，仿佛跟随一条穿过高山、峡谷、大海的小溪流，历经了情绪上的各种颠簸，终于抵达蔚蓝的大海。当电脑上最后一个字停止闪烁时，一切归于平静，悲伤走了，疲惫走了，纠结不再有，眼泪不再流。曾经的我，也深深地去爱过、去等待过，那时候并不明白，为什么等待的人总是我。现在才知道，有些等待，真的是我们人生的必修课。它让我们学会成熟，它让我们在慢慢的等待里，体会到爱情的美好。

每个人的一生都是一段曼妙的风景，我们只是在低头赶路时，忘了抬头看看开在路边的小花正迎着朝霞向我们微笑。从前，爱一个人的时候，总是容易感到悲伤，也常常在一堆文件报表里迷失方向。我追赶着快节奏的生活，我追赶着仿佛随时都会消失的爱情，我紧紧地抓住身边的一切，深怕一个趔趄，它们就从身边溜走。我把自己和身边的人都弄得很紧张，我拼命地去努力工作，去争取、去获得，到最后，却让最爱的人离开了。当我放下一切，一个人去了西藏，用冰凉的手指抚摸转经筒，用清瘦的额头去朝拜布达拉宫的神。在梵音里我突然想起，我有太久没听过自己内心的声音了，我有太久不知道自己需要什么了。这个世界是如此吵闹，我们被各种各样的声音绑架着，从未想过，让我们的心也偷会儿懒。我们执着于某种东西，爱或者安全感，殊不知，只有放下，我们才能更好地得到，我们也才能生活得从容淡定。

在一场又一场的行走中，我终于发现，在这个世界，原来爱情并不是唯一的幸福，工作也不能让我们生活得更好，幸福有时候很简单，是我们要求得太多。一个人的时光也很惬意，虚度年华，也是奢华的享受。职场的女人有种凌厉的美；闲散的女人，也有着慵懒的美。躺在阳光下，一段柔软的时光从阳光的缝隙里游弋过来，身心在这一刻，有了前所未有的体验。

很喜欢一个面膜广告词，"停下来，享受美丽！"从前总是在最后一班公交车上听到这句广告词，那时候想，多想停下来享受美丽啊！可是，老板不让停下来，客户不让停下来，生活不让停下来……如今，当我真的停下来享受一段美妙的时光时，我发现，自己依然很完整，没有被生活忘记，没有被世界抛弃，我比从前反倒更快乐！

感谢生活，它让我经历了这一切，它让我变得更加慈悲和宽容。感谢我的师友，你们给了我一个开悟的人生，让我明白，有时候对自己好，就会被世界温柔地对待。救赎自己，有可能是一生，也有可能是一瞬间，而因为有你们的帮助，我用一本书的力量救赎了自己。